Grands-parents, quels droits ?

Logiques Juridiques

Fondée par Gérard Marcou

Dirigée par Jean-Claude Némery et Thomas Perroud

Le droit n'est pas seulement un savoir, il est d'abord un ensemble de rapports et pratiques que l'on rencontre dans presque toutes les formes de sociétés. C'est pourquoi il a toujours donné lieu à la fois à une littérature de juristes professionnels, produisant le savoir juridique, et à une littérature sur le droit, produite par des philosophes, des sociologues ou des économistes notamment.

Parce que le domaine du droit s'étend sans cesse et rend de plus en plus souvent nécessaire le recours au savoir juridique spécialisé, même dans des matières où il n'avait jadis qu'une importance secondaire, les ouvrages juridiques à caractère professionnel ou pédagogique dominent l'édition, et ils tendent à réduire la recherche en droit à sa seule dimension positive. À l'inverse de cette tendance, la collection « Logiques juridiques » des éditions L'Harmattan est ouverte à toutes les approches du droit. Tout en publiant aussi des ouvrages à vocation professionnelle ou pédagogique, elle se fixe avant tout pour but de contribuer à la publication et à la diffusion des recherches en droit, ainsi qu'au dialogue scientifique sur le droit. Comme son nom l'indique, elle se veut plurielle.

Dernières parutions

Patrick MBOYO BAKAMBO, *La représentation des collectivités territoriales*, 2025.

Jean-Louis SABLON, *Violences et autres infractions sexuelles. Le droit de A à Z pour les connaître et les combattre*, 2025.

Vincent BENELBAZ, *Les doctrines du corporatisme : Vichy et les Républiques*, 2025.

Sous la coordination de Cristina Elena POPA TACHE, Elise Nicoleta VÂLCU et Cătălin-Silviu SĂRARU, *Droit international et intégration européenne, Perspectives de l'Europe centrale et orientale*, 2025.

Ludivine CLOUZOT et François-Xavier FORT (dir.), *La réforme du dialogue social dans la fonction publique*, 2025.

Marcelle Bongrain

GRANDS-PARENTS, QUELS DROITS ?

L'Harmattan

Du même auteur

Le Droit à la parole de l'enfant, aspects juridiques, L'Harmattan, 2021.

Enfants abusés en famille, ESF, Paris, 2019.

Cent familles et sans famille. Analyse juridique de la place de l'enfant dans sa famille, L'Harmattan, Paris, 2014.

Les 7 Péchés capitaux envers nos enfants : regard critique sur la protection juridique de l'enfance, Érès, Toulouse, 2009.

Une Mesure irrespectueuse : le placement de l'enfant en justice, L'Harmattan, Paris, 2004.

L'Enfant et le Droit, une autonomie sous surveillance, Érès, Toulouse, 2000.

Le Travailleur social et l'Enfant maltraité, L'Harmattan, Paris, 1994.

La Défense de l'enfant en justice (en collaboration), CTNERHI, Paris, 1989.

5-7, rue de l'École-Polytechnique ; 75005 Paris

http://www.editions-harmattan.fr

ISBN : 978-2-336-51994-4

EAN : 9782336519944

Remerciements

Je voudrais remercier pour leur aide précieuse :

- Le président, la directrice et l'équipe de la Maison des droits des enfants et des jeunes (MDDEJ) de Toulouse ;

- Stéphanie Larrat, médiatrice à la MDDEJ ;

- Colette Gayraud, déléguée du défenseur des droits, dans le département de la Haute-Garonne ;

- Laurence Monnier-Saillol, avocate au barreau de Toulouse, docteur en droit privé, présidente de l'association AJT (Avocats des jeunes de Toulouse) ;

- Monique Joecker pour son aide technique et son soutien.

Sommaire

Avant-propos

Les statistiques sont là pour nous montrer l'importance de la place des grands-parents dans la vie quotidienne de leurs petits-enfants. Garde occasionnelle, vacances petites et grandes, aide à l'accompagnement à l'école et aux activités extrascolaires mais aussi suivi scolaire, transmission de connaissances, apprentissage des valeurs.

Plus encore les grands-parents peuvent assurer dans les situations douloureuses le maintien des liens affectifs et la protection de l'enfant. L'objectif de cet ouvrage est d'apporter un éclairage juridique sur le statut des grands-parents et de se poser la question : quelle place leur accorde le législateur au XXIe siècle ? Ce qui revient à se demander : ont-ils des droits ? Lesquels ? Sous quelles conditions ?

Cet ouvrage se veut une base de renseignements et de précisions à destination des grands-parents, beaux-grands-parents mais aussi des professionnels concernés : psychologues, médiateurs, assistants de services sociaux, éducateurs…

Précisons également que dans cet ouvrage il ne sera question que des relations grands-parents, petits-enfants mineurs. Les relations avec les petits-enfants ayant atteint et dépassé l'âge de la majorité supposeraient des notions, des questions différentes qui déborderaient notre intention.

Introduction

Reconnaître des droits aux grands-parents pourrait signifier que la loi leur attribue un certain nombre de prérogatives dépendant de leur qualité de grands-parents, d'ascendants. En ce sens la réponse est négative. Le législateur contemporain n'accorde pratiquement plus de droits liés par principe à la grand-parentalité. Ainsi depuis 2002 le droit d'entretenir des relations personnelles avec les petits-enfants a été reconnu comme un droit de l'enfant lui-même et non plus celui des ascendants. Depuis 2007, au décès des parents, les grands-parents ne sont plus désignés automatiquement comme tuteurs de leurs petits-enfants mineurs.

La place des grands-parents dans la famille ne s'est pas diluée pour autant à travers les transformations sociétales : éloignement géographique, séparation, recomposition familiale, déménagement dû à l'exercice de la profession. L'évolution, dans le sillage de la Convention internationale des droits de l'enfant (CIDE), porte plutôt sur la reconnaissance de l'enfant en tant que sujet de droits, sur la prise en compte de son intérêt et sur la place accordée à sa parole.

Il nous semble alors intéressant d'analyser les facultés offertes aux grands-parents pour assurer le maintien des liens affectifs, pour protéger l'enfant lorsque les parents n'assument plus leur fonction parentale.

Comment aujourd'hui parler des droits des grands-parents ? Quel rôle peuvent-ils jouer en cas de défaillance des parents ? Dans les familles recomposées, quel est le statut des beaux-grands-parents ? Le législateur leur accorde-t-il des prérogatives ? Toutes ces questions, nous allons les aborder dans cet ouvrage en éclairant nos propos par le biais de décisions de jurisprudence.

Ire Partie :
Famille et grands-parents

« Ma fille va avoir un enfant... je suis heureuse, depuis le temps que je souhaitais être grand-mère. »

« Papy ? Il me manque. Depuis que ma mère est venue vivre en Allemagne en nous amenant mon frère et moi, je ne le vois plus. »

« Mon fils s'est remis en ménage avec une compagne, elle a deux enfants, ils sont adorables. Alors, nous avons deux petits-enfants de plus, ce qui fait quatre. »

« Mes parents sont décédés quand j'avais 3 ans, mes grands-parents m'ont élevée. »

« C'est ma grand-mère qui m'a appris le piano, je lui suis très reconnaissante. Aujourd'hui c'est ma passion et cela me permet de surmonter mes problèmes affectifs. »

Ces réflexions évoquent les nombreuses situations qui se réfèrent aux « grands-parents ». Le statut juridique de grands-parents ou d'ascendants exige un lien de parenté, un lien de filiation. Comment devient-on grands-parents au regard de la loi ? Quelle place occupent-ils aujourd'hui dans la famille ? Mais tout d'abord, quel terme utilise le législateur ?

Chapitre I : Précision de vocabulaire

« Grands-parents », « ancêtres », « aïeuls », « ascendants », comment s'exprimer ? Quel est le terme juridique approprié ?

« Aïeul », « ascendant » font partie du vocabulaire du premier Code civil, le Code napoléonien de 1804[1]. Ainsi, *« les enfants de famille ayant atteint leur majorité... sont tenus, avant de contracter mariage, de demander par un acte respectueux et formel, le conseil de leur père et de leur mère, ou celui de leurs aïeuls et aïeules, lorsque leur père et mère sont décédés ou dans l'impossibilité de manifester leur volonté »*.. Il est par ailleurs intéressant de savoir que le vocable de « grands-parents » a d'abord désigné l'ensemble des proches, englobant *« les grands-oncles, les grands-tantes »*. Ce n'est qu'en 1935 que la 8e édition du dictionnaire de l'Académie française précise : *« Grands-parents, le grand-père et la grand-mère »*.

Le terme *« grands-parents »* est apparu dans le Code civil en 1970[2] dans le courant de la réforme qui a mis fin à la puissance paternelle et a vu naître l'autorité parentale. En 2002, trente-deux ans plus tard, on assiste à un changement de vocabulaire, le législateur préfère parler d'*« ascendants[3] »*. En raison de l'allongement de l'espérance de vie, ce terme est apparu mieux adapté aux situations familiales actuelles. En effet, l'ascendant est « le parent dont on descend », quel que soit son rang dans la

---

[1] Art. 151 CC 1804.

[2] Loi du 4 juin 19670 réformant l'autorité parentale, art. 371-4 CC. Cité et analysé par V. Gourdon, *« Histoire des grands-parents »*, éd. Perrin, 2012.

[3] Loi n° 2002-305 du 4 mars 2002 relative à l'autorité parentale.

descendance. Il vise donc les grands-parents, arrière-grands-parents, arrière-arrière-grands-parents.

Retenons : Dans la loi nous ne trouvons pas le mot « grands-parents », mais « ascendants », c'est-à-dire ceux qui sont au-dessus des plus jeunes, dans la lignée de la famille[1].

Pour des raisons pratiques tenant à une plus grande facilité de lecture, nous utiliserons dans cet ouvrage les deux termes sans distinction.

Focus : Les liens de famille d'une personne

Ascendants : père, mère, grands-parents ou arrière-grands-parents.

Ligne paternelle : ascendants du côté du père.

Ligne maternelle : ascendants du côté de la mère.

Descendants : enfants, petits-enfants, arrière-petits-enfants…

Collatéraux : il s'agit de personnes qui dans une famille ont un auteur commun, frères, sœurs, oncles, tantes, neveux, nièces, cousins.

Dans une fratrie il est parfois nécessaire de distinguer :
les frères et sœurs **germains** qui ont même père et même mère,
les frères et sœurs **consanguins** qui ont même père,
les frères et sœurs **utérins,** qui ont même mère.

[1] Une réserve doit être faite en ce qui concerne l'art. 150 CC qui emploie les termes « aïeuls » et « aïeules », faute de réactualisation.

Chapitre 2 : Comment devient-on grands-parents au regard de la loi ?

Madame B. vient à la permanence d'un lieu d'écoute et d'information aux droits des jeunes. Elle dit *« s'occuper de son petit-fils, Max, âgé de 5 ans, depuis sa naissance »*. Garde, éducation, affection, elle multiplie les exemples pour signifier son attachement à cet enfant. Le fils de Madame B., le père de Max, ne l'a pas reconnu, ne s'est jamais occupé de lui et a quitté la maman avant la naissance du bébé. Depuis quelque temps, Madame B. s'inquiète. *« Elle ne voit plus Max... les rapports avec sa mère se dégradent... celle-ci est influencée par l'homme qu'elle vient de rencontrer »*. Madame B. voudrait protéger Max, qu'elle désigne comme *« son petit-fils[1] »*.
Comprenons que malgré la relation affective qui la relie à cet enfant, malgré l'engagement pris dans son éducation, Madame B. ne peut être considérée juridiquement comme sa grand-mère.

Légalement, la qualité de grands-parents, d'ascendants, existe lorsque la filiation est établie dans la lignée paternelle et/ou maternelle[2].
La filiation peut être issue du mariage, de la naissance, de la reconnaissance, de l'adoption. L'enfant né de père et mère inconnus n'a pas de grands-parents légaux, en dehors des liens issus d'une adoption. L'adoption permet la création d'un lien de filiation entre l'adopté et l'adoptant. Un enfant peut être adopté par une personne seule, un couple marié ou pacsé, ou en concubinage.

---

[1] Archives de la Maison des droits des enfants et des jeunes (MDDEJ), lieu d'accès au droit des jeunes. www.droitsetenfants.org

[2] L'établissement du lien de filiation a une incidence également sur le plan patrimonial et conditionne le droit de succession. Sauf dans le cadre d'une succession testamentaire toujours possible.

Focus : Différents modes d'établissement de la filiation

La filiation maternelle peut être établie par :

- la désignation de la mère dans l'acte de naissance de l'enfant, car pour le législateur l'accouchement confère le statut de mère,
- une reconnaissance de maternité faite avant ou après la naissance soit au service de l'état civil, soit devant notaire,
- un acte de notoriété faisant foi de la possession d'état, délivré par un notaire dans les conditions définies par la loi.

La possession d'état est un ensemble d'éléments permettant de faire présumer que tel enfant est celui de telle ou telle personne, ou de tel ou tel couple.

La filiation paternelle peut être établie par :

- la désignation du mari en qualité de père dans l'acte de naissance, selon la présomption figurant à l'art. 312 CC *« l'enfant conçu ou né pendant le mariage a pour père le mari »*,
- une reconnaissance de paternité faite avant ou après la naissance par acte reçu par l'officier d'état civil ou par tout autre acte authentique,
- un acte de notoriété qui fera foi de la possession d'état délivré par un notaire dans les conditions définies par la loi.

Lorsque ces documents font défaut, la filiation peut être établie par une action en justice :

- L'action en constatation de possession d'état à la demande de toute personne qui y a intérêt dans le délai de 10 ans à compter de sa cessation ou du décès du parent prétendu.
- L'action en recherche de maternité, réservée à l'enfant, à défaut de titre et de possession d'état.

Retenons : Si un parent ne peut établir le lien de filiation avec son enfant, par exemple, un père est décédé avant la naissance, ses propres parents ne peuvent avoir le statut de « grands-parents ». Ils n'ont aucun moyen juridique d'établir la filiation. La seule voie qui leur est ouverte est l'action en constatation de la possession d'état d'enfant ouverte à toute personne qui y a un intérêt.

Les potentiels « grands-parents », pour des motifs affectifs ou par souci d'héritage, peuvent souhaiter faire constater le lien de filiation. Le Code civil précise : *« La possession d'état peut être constatée, à la demande de toute personne qui y a intérêt, dans le délai de dix ans à compter de sa cessation ou du décès du parent prétendu*[1] *»*.
Il ne s'agit pas ici de rechercher une filiation, le but est de demander à la justice de la constater, de la légaliser. *« Une réunion suffisante de faits*[2] *»*, pouvant démontrer l'existence d'un lien de filiation, doit appuyer la demande[3].
Un arrêt de cour d'appel[4] nous offre un exemple de situation.
M. et Mme B. ont un fils qui vit depuis plusieurs années en couple. De cette union naîtra un enfant en août 2011. Ce fils, père de l'enfant, décède en juin, soit trois mois avant la naissance. Seule la filiation maternelle est établie. Neuf ans après, M. et Mme B. intentent, devant le tribunal judiciaire, une action en constatation de possession d'état

---

[1] Art. 330 CC.
[2] Art. 311-1 CC.
[3] Voir annexe : La possession d'état et l'action en constatation de possession d'état.
[4] CA Angers, 23 mars 2023, n° 21/022187 ; JurisData n° 2023 004447. Note C. Siffrein-Blanc. Cette décision a été vivement critiquée par la doctrine, en raison du peu d'éléments permettant de démontrer la possession d'état d'enfant.

aux fins de voir établir la filiation de l'enfant à l'égard de leur fils défunt et d'adjoindre son nom à celui de l'enfant. Les éléments pour établir la possession d'état sont peu nombreux : photos permettant d'attester une *« vie commune du couple »* et *« une grande proximité affective »*, l'autorisation écrite donnée par la mère pour engager une reconnaissance, le prénom du père donné en second à l'enfant suivi de ceux de ses grands-pères, paternel et maternel.
La cour d'appel déclare l'action de M. et Mme B. recevable. *« En leur qualité revendiquée de grands-parents biologiques de l'enfant »*, M. et Mme B. *« ont un intérêt à exercer l'action en constatation de la possession d'état pour pouvoir exercer notamment leurs droits aux relations personnelles avec l'enfant »*. Malgré le peu d'éléments de preuves, la cour fait droit à la demande. Elle admet l'établissement de la filiation paternelle de l'enfant mineur âgé de 11 ans par l'effet de la possession d'état.

Poussons plus loin la réflexion et demandons-nous si les grands-parents pourraient contester une filiation, aux fins par exemple d'écarter tel de leurs petits-enfants de leur famille, pour des raisons morales[1] ? Le Code civil permet à tout intéressé d'engager une action en contestation, si la possession d'état n'est pas conforme au titre. Le délai pour agir est de 10 ans du jour où l'enfant a commencé à jouir de l'état qui lui est contesté (art. 321 CC). De même, un acte de notoriété, établissant la filiation par la possession d'état, peut être contesté dans les 10 ans de la délivrance de l'acte (art. 335 CC). Également, une action en contestation de maternité ou de paternité est possible pour

[1] La jurisprudence ne se montre pas favorable à de telles actions. Elle se montre frileuse à reconnaître par exemple *« l'intérêt moral »* des grands-parents dans leur demande de contestation de reconnaissance. CA Paris, 8 avril 1999, D. 2000 Somm.

tout intéressé lorsque la filiation a été établie par l'effet de la loi ou par reconnaissance et que la possession d'état n'est pas conforme (art. 332 CC)[1].

En terminant ce chapitre, nous pouvons nous interroger sur la situation familiale d'un enfant né sous x et sans père. Il n'a pas de filiation établie, par conséquent il ne peut y avoir de grands-parents. La jurisprudence et le législateur ont eu à se pencher sur la question.
Remis au service de l'ASE, cet enfant sera déclaré pupille de l'État et adoptable. Les parents de la mère, au courant de la situation, n'auraient aucun droit à agir en justice pour demander à accueillir le nouveau-né. Ainsi en avait décidé la Cour de cassation en 2009[2]. Par la suite, deux décisions de cour d'appel s'étaient prononcées en faveur du droit d'agir des parents de la mère, en se basant sur la justification d'un lien avec l'enfant. Voici les termes de l'arrêt[3] : *« La grand-mère Mme O., [...] par ses visites régulières dès la naissance de l'enfant, parfois deux fois par jour, par ses démarches [...]* [sa manifestation de volonté] *d'accueillir et d'élever Héléna, [...] démontre qu'au-delà des difficultés rencontrées pour le construire, elle justifie de l'existence d'un* lien *affectif de fait avec l'enfant, répondant aux conditions posées par l'article L 224-8 CASF [...] ».* Et la cour conclut au regard des faits de l'espèce qu'il est dans l'intérêt de l'enfant d'être confiée à la famille des époux O., *« à charge pour eux de requérir l'ouverture d'une tutelle, en application des dispositions de l'art. 380 CC ».* Le législateur est venu

---

[1] La filiation peut être contestée par le ministère public, notamment en cas de fraude à la loi, dix ans à compter de l'établissement de la filiation.

[2] Cass. Civ. 1re, 8 juil. 2009, Bull. civ. I, n° 158.

[3] Angers, 26 janv., Dr. fam. 2011, n° 38, note Cl. Neirinck ; JCP 2011, n° 161, note A. Gouttenoire ; Gaz. Pal. 17 mars 2011. Metz, 22 janv. 2013, Dr. fam. 2013, n° 54, note Cl. Neirinck.

préciser les termes et désormais il est admis que l'arrêté d'admission en qualité de pupille de l'État peut être contesté par *« les membres de la famille de la mère ou du père de naissance [...]. L'action n'est recevable que si le requérant demande à assumer la charge de l'enfant*[1] *»*. Si la demande est conforme à l'intérêt de l'enfant, celui-ci sera confié au demandeur, à charge pour lui de mettre en place un régime de tutelle, ou bien de se faire déléguer les droits d'autorité parentale.

[1] Art. L 224-8 CASF. Ordonnance n° 2022-1292 du 5 octobre 2022.

Chapitre 3 : Données sociologiques, multiplicité des visages de la grand-parentalité

Tous les sociologues s'accordent pour dire que la place des grands-parents dans la famille a subi une évolution du fait de l'allongement de l'espérance de vie.
De nos jours, on devient grands-parents en moyenne à 53 ans[1]. En 2018, les statistiques montrent que 80 % des Français de plus de 70 ans sont grands-parents[2]. Une étude IFOP menée pour la revue *Notre Temps* auprès d'un échantillon représentatif de la population des grands-parents en France apporte des données significatives. Elle souligne que la majorité des grands-parents sont heureux des relations qu'ils entretiennent avec leurs petits-enfants. 55 % des grands-parents consacrent au moins une heure par semaine à leur(s) petit(s)-enfant(s), plus des trois quarts les accueillent au moins quelques jours par an, dont 30 % plus d'un mois dans l'année[3].
La structure de la famille, parents/enfants, a évolué au fil du temps pour laisser la place à de nouvelles formes : famille monoparentale, recomposée, avec ou sans enfant. Selon l'INSEE, en France, sur 14,1 millions d'enfants, 68 % vivent dans une famille nucléaire (avec un couple de

---

[1] https://www.ifop.com/publication/les-grands-parents-français-portraits-et-attentes.

[2] Rapport du groupe de travail parlementaire « Les grands-parents, des seniors comme les autres ? », juin 2021, O. Givernet, députée de l'Ain.

[3] Enquête auprès de 1 008 grands-parents en France. https://www.notretemps.com/famille/petits-enfants-grands-parents/sondage-notre-temps-quel-bonheur-d-etre-grand-parent-61221. Article paru dans la revue *Notre Temps,* n° 637, déc. 2022.

parents), 21 % dans une famille monoparentale, 11 % dans une famille recomposée.
Le couple des grands-parents subit lui aussi une évolution. En 2018, le nombre de séparations parmi les seniors en France a doublé en dix ans et a été multiplié par neuf en quarante ans.
Un autre phénomène affecte les relations petits-enfants-grands-parents, *« la multiplication des unions transnationales »*. Ainsi, en 2012, une étude dénombrait pour le programme d'échange d'étudiants de l'Union européenne, un million de « bébés Erasmus » pour les 25 dernières années.

Des relations plus difficiles du fait de déménagements, parfois à l'étranger ; des remariages ou des unions nouvelles qui génèrent des liens affectifs avec des *« beaux-grands-parents »* ; des couples de grands-parents qui eux-mêmes se séparent et s'éloignent géographiquement. Tout ceci remodèle la famille et peut modifier la place occupée par les grands-parents.

Pour aller plus loin :
https://www.ifop.com/publication/les-grands-parents-francais-portrait-et-attentes/
Remarque : tous les dix ans environ, l'Insee associe au recensement de la population une enquête sur le thème des familles, la prochaine aura lieu en 2025.
https://www.insee.fr/fr/statistiques/grandsparents

IIe Partie :
Place et rôle des grands-parents ?

Nous l'avons dit en commençant cet ouvrage, le législateur contemporain n'est plus enclin à inscrire dans la loi des droits inhérents au statut d'ascendant. Quelques rares dispositions confient encore aux « aïeuls », « aïeules » ou aux grands-parents des facultés sous condition : opposition ou consentement au mariage, dans le domaine médical don d'organe.

Pour autant, nous avons vu que les grands-parents sont aujourd'hui très présents dans les familles auprès de leurs petits-enfants. Sur le plan légal, quel rôle sont-ils appelés à jouer ? S'ils n'ont pas de droits affirmés, peuvent-ils prétendre à des prérogatives ? Dans quels domaines ? Et sous quelles conditions peuvent-ils s'en prévaloir ?

Autrement dit, comment parler des droits des grands-parents ?

Chapitre 1 : En ce qui concerne le maintien des liens affectifs

L'autorité parentale appartient aux parents. Les ascendants, grands-parents, arrière-grands-parents, n'ont ni droit, ni devoir concernant l'éducation de leurs petits-enfants. Cependant, le législateur entend protéger les liens affectifs qui les unissent.

Retenons : La loi reconnaît à l'enfant le droit d'avoir des relations personnelles avec ses grands-parents et arrière-grands-parents.

> Sous l'influence de la Convention internationale des droits de l'enfant (CIDE), notre Code civil pose comme principe : *« L'enfant a le droit d'entretenir des relations personnelles avec ses ascendants. Seul l'intérêt de l'enfant peut faire obstacle à l'exercice de ce droit »*, art. 371-4 CC.

Que recouvre le terme « relations personnelles » ? Il s'agit du **droit de visite** : voir ses petits-enfants, les accueillir durant la journée, du **droit d'hébergement** pendant plusieurs jours et du **droit de correspondance**, par téléphone, message ou mail ou par tout autre moyen de communication à distance.

Lorsque les liens sont rompus, la médiation familiale peut venir en aide, afin de tenter de régler le conflit et de rétablir les contacts. Cependant, la pratique judiciaire offre la possibilité aux ascendants de demander en justice un droit de visite, d'hébergement ou de correspondance, en cas de relâchement ou de disparition des relations.

Gabriel, 8 ans, allait chez ses grands-parents paternels durant toutes les périodes de vacances. Il y retrouvait ses cousins. Il aimait les histoires racontées par sa grand-mère, les longues promenades avec son grand-père. Les parents de Gabriel se sont séparés, sa maman s'est remariée il y a 1 an. Gabriel ne voit plus ses grands-parents paternels. Sa mère en effet les accuse d'avoir des propos dénigrants à son égard. Son père ne prend pas position. Gabriel vit très mal cette situation, il en veut à sa mère et à son père[1].

Les grands-parents peuvent, dans un premier temps, essayer de restaurer le dialogue, en vue de construire ou reconstruire un lien d'attachement, en ayant recours à la médiation familiale.

---

[1] Archives de la MDDEJ.

Focus : La médiation familiale

Un tiers professionnel, qualifié et impartial, le ***médiateur familial***, va accompagner les familles.

L'objectif est de rétablir la communication, permettre aux protagonistes d'échanger en vue de trouver des solutions à leur conflit et des pistes pour les mettre en œuvre.

Avant de s'engager un entretien d'information sera proposé, il permettra au médiateur de donner les précisions nécessaires : durée des rencontres, objectifs, contenu, déroulement.

La médiation se pratique dans des associations habilitées, dans les Caisses d'allocations familiales (CAF).

Un médiateur peut être contacté en dehors de toute action en justice. On parle alors de **médiation familiale conventionnelle**. Si une entente est conclue, un écrit peut être rédigé, avec ou sans l'aide du médiateur. Il est possible de demander au JAF d'homologuer l'accord, ce qui lui donne force exécutoire, c'est-à-dire lui confère la même force qu'un jugement.

Le juge aux affaires familiales (JAF), quand il est saisi, peut rendre **une ordonnance de médiation judiciaire**. Dans ce cas, le magistrat désigne le médiateur, fixe la durée de sa mission et indique la date à laquelle l'affaire sera rappelée à l'audience (art. 131-1 à 131-15 CC).

En cas d'échec de la médiation, ou bien dès l'origine du conflit, les grands-parents peuvent choisir de saisir le JAF du tribunal judiciaire du domicile des petits-enfants, pour demander un droit de visite et d'hébergement[1]. L'avocat est obligatoire et les grands-parents demandeurs devront apporter la preuve que le maintien des liens est dans l'intérêt des enfants.

La Cour de cassation prend soin, en effet, de protéger le droit de l'enfant à avoir des relations personnelles avec ses ascendants. Elle rappelle : *« [...] seul l'intérêt de l'enfant peut donc faire obstacle à l'exercice de ce droit [...] »*, tout en exigeant que cet intérêt soit *« apprécié du point de vue de ce dernier »*.

Le JAF pourra ordonner une enquête sociale, ou un examen de l'enfant, réalisée par un psychiatre ou un pédopsychiatre. Le JAF pourra aussi entendre l'enfant, capable de discernement.

Examinons ce droit de l'enfant à être entendu dans toute procédure le concernant :

- Il est affirmé dans la loi (art. 388-1 CC et 338-1 et s. CPC) et la Cour de cassation veille à son application.

- Il concerne le mineur *« capable de discernement »*. C'est au magistrat, ici le JAF, à apprécier cet élément à la lecture des pièces du dossier. La loi ne fixe pas de seuil d'âge. Cependant, certains magistrats disent entendre les mineurs à partir de 7 ans.

- Le mineur est entendu par le juge ou bien s'il y va de son intérêt, par un professionnel de l'écoute désigné par le juge : psychologue, médiateur familial.

- Le mineur peut lui-même faire la demande au juge, par simple lettre adressée au JAF. Dans ce cas son audition est de droit. Le magistrat ne pourra s'y opposer que si la procédure ne le concerne pas ou bien si la condition de discernement n'est pas remplie. Précisons qu'il ne lui suffit pas de s'en référer à l'âge, *« sans*

[1] Art. 1180 CPC.

expliquer en quoi celui-ci n'était pas capable de discernement[1] *».*

- Il peut être auditionné seul ou en présence d'un avocat qu'il choisit ou que le juge fera désigner par le bâtonnier.

- Le magistrat doit s'assurer que le mineur a été informé de son droit à être entendu et à être assisté par un avocat.

- L'avis de l'enfant est un élément qui sera pris en compte par le JAF, parmi tous les éléments du dossier. Il ne lie pas le magistrat.

Précisons un détail intéressant. Dès l'instant où il ressort du dossier que l'audition a bien eu lieu, pour la Cour de cassation, les sentiments exprimés par les intéressés n'ont pas à figurer dans l'arrêt, les juges n'ont pas non plus l'obligation de relever qu'ils en ont tenu compte.

Ainsi, après le décès du père, la mère de trois jeunes enfants coupe toutes relations avec les grands-parents paternels. Ceux-ci intentent une action en justice et obtiennent un droit d'accueil et de correspondance. La mère se pourvoit en cassation[2]. Elle reproche à l'arrêt d'appel de ne pas avoir *« précisé les opinions exprimées par [F] lors de son audition »*. F., aîné de la fratrie, âgé de 13 ans, avait indiqué qu'il ne voulait pas aller chez ses grands-parents et qu'il vivait bien mieux sans eux. La demande de la mère est rejetée. *« Après avoir constaté que l'enfant [F] avait été entendu par une des conseillères, la cour d'appel, qui n'était tenue ni de préciser la teneur des sentiments exprimés par l'enfant lors de son audition ni qu'elle avait pris en considération les sentiments exprimés par celui-ci, a retenu qu'afin de ne pas supprimer irrémédiablement tout rattachement des trois enfants à*

---

[1] Cass. civ. 1re, 18 mars 2015, Bull. civ. 1, nº 58. Cass. civ. 1re, 14 avril 2021 nº 18-26. 707.

[2] Cass. civ. 1re, 15 févr. 2023, nº 21-18. 498.

leur lignée paternelle au seul motif de l'absence de lien entre la mère des enfants et ses beaux-parents, un droit de correspondance et un droit d'accueil devaient être accordés à ces derniers ».

Cependant, en cas de dispute, rivalité, entre parents et ascendants, le JAF devra s'assurer que l'enfant n'en subit pas les conséquences. Auquel cas le droit de visite ne serait pas accordé. Pour faire appel du jugement les grands-parents ont un délai d'un mois. Par exemple, il peut arriver que les grands-parents s'impliquent personnellement dans le conflit et usurpent leur place en pensant être les seuls à pouvoir réussir l'éducation de leurs petits-enfants. Par exemple, dans cette affaire, le rapport d'expertise médico-psychologique relevait *« [...] que le conflit qui opposait le père et la fille était ancien, profondément ancré et toujours aussi aigu, que les observations cliniques et les tests psychologiques avaient révélé chez M. X... [le grand-père] des difficultés affectives excluant selon l'expert que l'enfant puisse rester seule avec son grand-père même en lieu neutre car la fillette se retrouverait alors au centre d'un conflit qui la dépasserait et qu'il ressortait en outre des écritures de M. X... que celui-ci souhaitait en réalité participer à l'éducation de sa petite-fille qu'il estimait mal assurée par les parents de l'enfant qu'il n'hésitait pas à critiquer et à discréditer de façon virulente »*. La Cour de cassation rejette le pourvoi du grand-père, estimant que *« l'existence de motifs graves faisant obstacle à l'octroi d'un droit de visite »* est *« suffisamment caractérisée[1] »*.

De même, cette grand-mère est déboutée de sa demande en raison de sa mésentente avec la mère de la fillette : *« [...] contrairement, à ce que soutient Madame Y... qui n'a pas rencontré sa petite-fille depuis l'année 2001, il est*

---

[1] Civ. 1re, 28 févr. 2006, nº 05-14.484.

établi [...] que la grand-mère et la mère de l'enfant n'ont pas, de longue date, de bonnes relations et qu'il n'est pas dans l'intérêt supérieur de l'enfant [...] d'entretenir des relations suivies avec sa grand-mère maternelle alors que le climat familial entre ses parents et sa grand-mère maternelle n'a jamais été bon [...], la réelle mésentente existant entre la mère et la grand-mère constitue un motif grave mettant obstacle à une relation sereine et épanouissante pour la jeune Lucie dont la vie actuelle est sereine et équilibrée[1] *»*.

En revanche un droit de visite est accordé à cette grand-mère. La Cour de cassation estime que la cour d'appel *« s'est déterminée en considération de l'intérêt des enfants, et a ainsi légalement justifié sa décision »*. L'arrêt souligne en effet : *« [...] Si, en raison du conflit opposant Mme G à sa fille, celle-ci n'a pu rencontrer ses petites-filles, elle a néanmoins instauré un lien avec elles, par des attentions régulières, de sorte que sa place se trouve définie auprès des fillettes [...] et qu'il est de l'intérêt des mineures de bénéficier, comme leur demi-frère, de relations avec leur grand-mère*[2] *»*.

Certains parents, en conflit avec leurs propres parents, craignent que la justice accorde un droit de visite et d'hébergement sans prendre en compte un passé de violences dont ils ont été eux-mêmes victimes soit parce qu'il n'y a pas eu de plainte soit en raison de la difficulté à prouver les violences. L'association La dérive 371-4[3] soutient ces parents et a posé une question écrite au Garde des Sceaux qui précise dans sa réponse : *« [...] Afin d'apprécier au mieux l'intérêt de l'enfant lorsque ses*

---

[1] CA Lyon, 24 juin 2009, 08/06202.

[2] Civ. 1re, 13 juin 2019, n° 18-12.38 9. A J fam. 2019, 465 obs. J. Houssier.

[3] Association créée en 2017. www.laderive371-4.fr

parents s'opposent au maintien de relations personnelles avec les grands-parents, le JAF dispose de plusieurs instruments, tels que les enquêtes sociales, les expertises psychologiques ou médico-psychologiques ou encore l'audition du mineur discernant [...]. En outre, afin de préserver au mieux les intérêts du mineur, la prise de décision du JAF est encadrée par plusieurs garanties procédurales : d'une part, les parties doivent être obligatoirement assistées d'un avocat et, d'autre part, l'avis du ministère public est obligatoire (art. 1180 CPC). Cet avis permet d'éclairer utilement le juge lorsqu'il conduit à porter à sa connaissance des éléments de nature pénale relatifs aux grands-parents. Il en résulte que la présente procédure prévue à l'art. 371-4 CC assure un juste équilibre entre, d'une part, la préservation du lien familial dans le cadre du droit des grands-parents au respect de leur vie privée et familiale et, d'autre part, la prise en considération de l'intérêt supérieur de l'enfant qui est souverainement apprécié par les juridictions[1] ».

À l'issue des débats, le JAF peut accorder un droit de visite et/ou d'hébergement selon des modalités qu'il définit. Par exemple, un week-end par mois, ou bien en présence d'un tiers, ou bien dans un lieu médiatisé, un point-rencontre[2].

La cour d'appel d'Orléans a eu l'occasion de se prononcer : *« Il n'y a pas lieu de donner droit à la demande des grands-parents maternels de pouvoir exercer*

---

[1] Question écrite n° 5770 : Utilisation faite de l'art. 371-4 CC. Publication de la question : JO du 21 févr. 2023 p. 1642, publication de la réponse : JO du 18 av. 2023 p. 3685.

[2] Si le droit de visite est fixé dans un point rencontre, le magistrat n'a pas à respecter les modalités de l'art. 1180-5 CPC qui impose de préciser la durée de la mesure, la périodicité et la durée des rencontres. Ainsi en a décidé la Cour de cassation. Civ. 1re, 13 juin 2019, n° 18-12.389.

chez eux leur droit de visite et d'hébergement à l'égard de leur petit-fils. Leur comportement est nocif et peut nuire gravement à son développement et à son insertion sociale [...] ils entretiennent une véritable confusion générationnelle [...] refusant d'admettre la prise en charge de l'enfant par sa mère et son second mari[1] *[...] ».* Cependant l'arrêt affirme : *« la poursuite des relations entre l'enfant et ses grands-parents est cependant souhaitable, mais l'exercice de ce droit de visite doit avoir lieu dans un lieu médiatisé, compte tenu de l'importance des jalousies dont l'enfant est l'enjeu*[2] *».*

Focus : Espace de rencontre ou point-rencontre

« L'Espace de rencontre est un lieu permettant à un enfant de rencontrer l'un de ses parents ou un tiers, ou de faire l'objet d'une remise à un parent ou à un tiers. Il contribue au maintien des relations entre un enfant et ses parents ou un tiers, notamment en assurant la sécurité physique et morale et la qualité d'accueil des enfants, des parents et des tiers » (art. D 216-1 CASF, décret n° 2012-1153 du 15 octobre 2012).

Les espaces de rencontre sont des lieux d'accueil neutre, pour une période temporaire, dans l'objectif d'une reprise normale des relations.

Créés dans l'esprit de la CIDE (art. 8.1), ils sont présents sur tout le territoire. Le dispositif reste centré sur l'enfant : choix de l'espace proche de son domicile, organisation des rencontres en fonction des horaires scolaires.

---

[1] Dr. fam. 2007, *« Autorité parentale. Grands-parents-Petits-enfants »*, panorama n° 1 M. T. Cordier p. 53.

[2] CA Orléans, ch. fam., 2 mai 2006 : JurisData n° 2006-309715.

Les grands-parents peuvent être accueillis :
Dans le cadre d'un jugement. Pour la Cour de cassation l'art. 1180-5 CPC ne s'applique pas aux grands-parents[1]. Par conséquent le jugement du JAF n'a à préciser ni durée de la mesure, ni périodicité et durée des rencontres.
Dans le cadre conventionnel, c'est-à-dire de leur propre initiative. Un accord fixe les conditions des rencontres.

L'accompagnement en espace de rencontre est gratuit pour les familles.

Il est possible que le droit de visite soit prévu de façon restreinte, puis se voie élargi au fil du temps.
Exemple de décision : *« [...] fixant le droit de visite et d'hébergement des grands-parents selon les modalités suivantes : pendant six mois à compter de la signification du présent arrêt, le premier samedi du mois, de 10 heures à 17 heures y compris en période de vacances scolaires au point rencontre le plus proche de la résidence habituelle des enfants, puis à l'issue de cette période la première fin de semaine paire de chaque mois au domicile de Mme [D] [K] du vendredi 19 heures au dimanche 17 heures ainsi que la première ou troisième semaine paire du mois de juillet de chaque année et trois jours pendant les vacances scolaires de Noël ou de Pâques alternativement les années paires et impaires ».*

Le jugement du JAF est porté à la connaissance des intéressés par voie postale ou bien par acte de commissaire de justice. Bien évidemment l'appel est toujours possible, dans un délai de 15 jours. Cependant, la décision est

[1] Civ. 1re, 13 juin 2019, nº 18-12.389, JCP 2019.694, obs. I. Corpart.

exécutoire de plein droit, c'est-à-dire qu'elle s'applique, sans attendre la position de la cour d'appel.

Si les parents mettent en échec le droit de visite et ne respectent pas la décision prise par le juge, il s'agit d'un délit[1] puni d'un an d'emprisonnement et d'une amende pouvant aller jusqu'à 15 000 €. Les grands-parents peuvent déposer plainte pour non-représentation d'enfant, auprès des services de police ou de gendarmerie ou bien saisir le procureur de la République.

Pour aller plus loin :

Quel est le coût d'une médiation ?

L'entretien d'information est gratuit, ensuite chacun paye en fonction de ses revenus. Lorsque les services de médiation sont conventionnés, le coût est calculé à partir d'un barème. Si la médiation est ordonnée par le juge, l'aide juridictionnelle peut être obtenue. Elle prendra en charge tout ou partie de la médiation.

Une aide a été créée par la Caisse nationale des allocations familiales (CNAF) et la Caisse centrale de la mutualité agricole (CCMA).

Où puis-je m'informer ?

www.mediation-familiale.org ;
www.mediationfamiliale.asso.fr ; www.unaf.fr ;
www.caf.fr ; www.msa.fr

J'aimerais que mon petit-fils puisse s'exprimer par rapport à ses parents qui font barrage à nos relations, comment puis-je faire ?

Des associations d'avocats d'enfants existent dans plusieurs villes de France. Les grands-parents, soucieux de faire respecter le droit pour l'enfant à être entendu dans toute procédure le concernant, peuvent obtenir les contacts au tribunal judiciaire le plus proche.

[1] Art. 227-5 CP.

Quelques exemples :
Toulouse :
https://asso-ajt.fr
Hauts-de-Seine :
https://www.barreau92.com/fr/avocat-denfants

Poitiers :
https://www.avocenfants.com

Chapitre 2 : En cas de séparation parentale

La séparation des parents est souvent à l'origine d'une crise au sein du groupe familial. Les disputes entre ex-conjoints se répercutent sur les rapports avec les grands-parents. Commence alors pour les grands-parents une longue galère pour ne pas perdre tout contact avec leurs petits-enfants.

Rappelons tout d'abord que le législateur reconnaît à l'enfant le droit d'entretenir des relations affectives avec ses grands-parents, ce qui englobe le droit d'échanger une correspondance, le droit de visite et d'hébergement. Ces droits restent valables en cas de séparation parentale. Comme l'affirme F. Terré, *« [...] la décomposition familiale est une circonstance particulière qui justifie d'autant plus que l'on exige du parent en charge de l'enfant qu'il veille à la perpétuation des relations de ce dernier avec d'autres que lui, et notamment avec les ascendants de l'autre parent, cette perpétuation étant un facteur d'équilibre essentiel*[1] *»*. Ce que nous avons précisé dans le paragraphe précédent s'applique donc de la même façon : recours à la médiation familiale ; en cas d'échec, possibilité de saisir le JAF, audition de l'enfant capable de discernement par le magistrat.

Remarquons bien que le droit de visite et d'hébergement est accordé en fonction de l'intérêt de l'enfant. Ainsi, le magistrat, dans sa décision, tiendra compte de la situation des domiciles des uns et des autres et des disponibilités de chacun. Par exemple, le droit de visite et d'hébergement des grands-parents peut s'exercer en même temps que

---

[1] Précis Droit privé, « Les personnes, la famille, les incapacités », F. Terré, D. Fenouillet, p. 983. Dalloz. 7e éd.

celui du parent chez qui l'enfant ne vit pas, c'est-à-dire leur propre fils ou fille et à son domicile.
En revanche il peut être préférable de dissocier les droits de visite des uns et des autres, de façon à bien définir les places de chacun et à apaiser les conflits.

La séparation ou le divorce des parents peut entraîner pour l'enfant un climat lourd de conséquences psychologiques, engageant son avenir. *« À titre exceptionnel »* et s'il y va de son intérêt, le législateur donne alors la possibilité au JAF de confier l'enfant à un tiers *« choisi de préférence dans sa parenté[1] ».* Le Code civil semble limiter cette faculté puisqu'il précise *« notamment lorsque l'un des parents est privé de l'exercice de l'autorité parentale ».* La Cour de cassation a eu l'occasion de se prononcer et elle admet que le JAF puisse confier l'enfant à un tiers en dehors des cas où l'un des parents est décédé ou se trouve privé de l'exercice de l'autorité parentale. Par conséquent, les grands-parents, ou l'un d'eux, peuvent être désignés par le magistrat pour recueillir l'enfant. Certes l'autorité parentale est toujours exercée par les père et mère mais l'enfant sera hébergé au domicile des grands-parents[2] qui assureront les actes usuels de l'autorité parentale[3] relatifs à sa surveillance et à son éducation[4].
Le législateur va plus loin et envisage la possibilité pour le JAF de préciser, si tel est le cas, *« qu'en cas de décès de celui d'entre eux qui exerce l'autorité parentale, l'enfant n'est pas confié au survivant[5] »* mais à une personne désignée qui, le cas échéant, peut être un grand-parent. Par

---

[1] Art. 373-3 CC. Cass. 1re civ., 25 févr. 2009, Dr. fam., mai 2009, p. 31.
[2] Voir annexe : Les grands-parents peuvent-ils être tenus responsables des dommages causés par leur petit-enfant qu'ils hébergent ?
[3] Voir annexe : Actes usuels et non usuels de l'autorité parentale.
[4] Art. 373-4 al. 2 CC.
[5] Art. 373-3 al. 2 CC.

anticipation, les grands-parents peuvent faire la demande de cette mesure en écrivant au procureur de la République.

Chapitre 3 : Lorsque les parents n'assument plus leur fonction parentale

Les père(s) et/ou mère(s) sont investis par la loi d'une fonction de protection de leur enfant mineur, protection de sa personne et de son patrimoine. En ce sens, ils exercent l'autorité parentale jusqu'à la majorité, ou l'émancipation de leur enfant.

L'autorité parentale est définie par la loi comme un ensemble de droits et de devoirs pour protéger l'enfant *« dans sa sécurité, sa santé, sa vie privée et sa moralité, pour assurer son éducation et permettre son développement*[1] *»*.

Cependant, il peut y avoir des situations où les parents ne peuvent pas ou plus assurer cette protection. Il en est ainsi de causes naturelles : le décès, la maladie, ou du fait de décisions judiciaires, par exemple : retrait de l'autorité parentale. Dans de telles situations, quelle est la place des grands-parents ? Peuvent-ils endosser une fonction de substitut parental ?

A - Décès des parents

Au décès de l'un des parents de l'enfant mineur, le survivant exerce l'autorité parentale[2]. Ce n'est que lorsque les deux parents sont décédés que le régime de la tutelle doit être mis en place.

Au XIXe siècle, en cas de décès des père et mère, c'était au grand-père paternel à assumer légalement la fonction de tuteur. Le Code civil de 1804 précisait en effet que, si un tuteur n'avait pas été désigné par le dernier mourant des

---

[1] Art. 371-1 CC modifié par la loi n° 2024-120 du 19 février 2024.

[2] Dans l'hypothèse où le parent survivant n'est pas en état d'exercer l'autorité parentale, en cas de retrait de l'autorité parentale ou de maladie, le régime de tutelle sera ouvert.

parents, la tutelle revenait de droit à *« l'aïeul paternel »*, porteur du nom ; et *« à défaut de celui-ci à l'aïeul maternel, et ainsi en remontant, de manière que l'ascendant paternel soit toujours préféré à l'ascendant maternel du même degré*[1] *»*.
Jusqu'en 2009[2] en l'absence de tuteur testamentaire la tutelle était dévolue par la loi à l'ascendant le plus proche en degré. Au fil du temps cette disposition s'est vue critiquée par une grande partie de la doctrine. *« Ce droit exclusif [...] »* d'un ascendant *« d'être désigné comme tuteur avant toute autre personne, au nom d'une certaine conception de la famille et sans appréciation possible de ses capacités ni de l'intérêt de l'enfant n'était plus conforme à l'évolution des situations familiales*[3] *»*.

Retenons : Aujourd'hui la loi ne retient rien d'automatique, et le statut de grands-parents ne donne aucune priorité. Toutefois le législateur prend soin d'affirmer que la tutelle est un devoir des familles[4].

Deux situations peuvent se présenter.

La tutelle testamentaire

Le dernier vivant des père(s) et/ou mère(s) a la possibilité de choisir un tuteur en mentionnant son identité, dans un testament ou dans un acte notarié[5]. Encore faut-il que ce parent ait conservé au jour de son décès l'exercice de l'autorité parentale.

---

[1] Art. 402 Code civil de 1804.

[2] Loi n° 2007-308 du 5 mars 2007 portant réforme de la protection juridique des majeurs est entrée en vigueur le 1er janvier 2009.

[3] V. Larribau-Terneyre, « L 'intérêt de l'enfant encore en lumière : la disparition programmée de la tutelle aux ascendants », Dr. fam., revue mensuelle du jurisclasseur, juin 2007.

[4] Art. 394 CC.

[5] Art. 403 CC.

Il s'agit là d'une tutelle testamentaire. Le nom d'un des ascendants de l'enfant peut ici être indiqué. Certains auteurs font remarquer que rien ne s'oppose à ce que deux grands-parents soient désignés : l'un pour s'occuper de la personne de l'enfant, l'autre pour gérer ses biens.
Toutefois, si ce choix est contraire à l'intérêt de l'enfant le conseil de famille, lorsqu'il sera constitué, pourra écarter de la tutelle la personne mentionnée. D'autre part, le tuteur testamentaire a toujours le droit de refuser la fonction, dans ce cas la tutelle légale s'imposera.

La tutelle légale

En l'absence de tutelle testamentaire c'est le JAF[1], saisi par requête[2], qui ouvre le régime de tutelle légale. Tout d'abord, il procède à la composition d'un conseil de famille, d'au moins quatre membres. Le magistrat dispose d'un pouvoir discrétionnaire, il veille à ce que les deux branches de la famille soient représentées et il choisit les personnes *« en considération de l'intérêt du mineur, et en fonction de leur aptitude à des relations habituelles qu'ils entretenaient avec le père ou la mère de celui-ci, des liens affectifs qu'ils ont avec lui, ainsi que de la disponibilité qu'ils présentent[3] »*.

Le conseil de famille désignera ensuite, en son sein, un tuteur et un subrogé tuteur le cas échéant. On parle ici de tutelle dative, le tuteur étant « donné » à l'enfant par le conseil de famille.

Précisons là encore que la qualité d'ascendant ne confère aucune priorité. Les grands-parents pourront

---

[1] Art. L 213-3-1 COJ. Voir Annexe : « Quel magistrat pour la tutelle des mineurs ? »

[2] Art. 404 CC. Un imprimé Cerfa n° 15457*03 est à remplir et à remettre ou à envoyer avec accusé de réception au greffe du JAF du tribunal dont dépend le lieu de résidence de l'enfant concerné.

[3] Art. 399 CC.

simplement, s'ils le souhaitent, se porter candidats auprès du magistrat en charge du dossier, en apportant la preuve de la relation affective qu'ils ont envers leur petit-enfant. Nous pouvons alors nous demander s'ils peuvent contester le rejet, le cas échéant, de leur demande. La Cour de cassation, par le passé, refusait de l'admettre, précisant : *« la décision par laquelle le juge des tutelles choisit les membres du conseil de famille n'est pas susceptible de recours*[1] *».* Aujourd'hui le législateur est revenu sur ce principe, puisque le Code de procédure civile[2] stipule que toutes les décisions du juge des tutelles et les délibérations du conseil de famille sont susceptibles d'appel. L'appel est formé, par lettre recommandée avec demande d'avis de réception, au greffe du tribunal de première instance. Celui-ci transmet une copie du dossier à la cour d'appel compétente.

Le tuteur est tenu de prendre soin de la personne du mineur qui va vivre sous son toit. Il exerce l'autorité parentale, ainsi il assure son éducation et le représente dans tous les actes de la vie civile[3]. Si l'enfant dispose de biens le tuteur en assure la gestion. Cependant il ne sera qu'un organe d'exécution. Tout d'abord le tuteur est tenu de respecter les souhaits des parents, lorsqu'ils ont pu les exprimer, formellement ou tacitement, par exemple en ce qui concerne le choix de la religion ou de la profession. Bien évidemment il en serait autrement si ces choix parentaux se révélaient contraires à l'intérêt de l'enfant. Par exemple, dans le cas où les parents de leur vivant refusaient toute transfusion sanguine pour des motifs religieux. Ensuite, il revient au conseil de famille de régler

---

[1] Cass. civ. 1re, 3 avr. 1990, JurisData n° 1990 – 001649, Cass. civ. 1re, 2 nov. 1994, JurisData n° 1994 – 002515, Bull. civ. I. n° 313.

[2] Art. 1239 CPC remanié par décret n° 2019 – 756 du 22 juillet 2019.

[3] Art. 408 CC. *« Sauf les cas dans lesquels la loi ou l'usage autorise le mineur à agir lui-même ».*

les conditions générales de l'entretien et de l'éducation de l'enfant. En outre la gestion du tuteur est surveillée par le subrogé tuteur qui informe sans délai le juge des tutelles s'il constate des fautes.

Retenons : Il est bien évident que les grands-parents qui ne sont pas membres du conseil de famille ne peuvent faire valoir leur qualité d'ascendants pour s'opposer en justice aux décisions prises.

Cas particulier du mariage du mineur, lorsque les parents sont décédés

Le législateur en 2006[1], soucieux de faire barrage aux mariages forcés, a égalisé l'âge requis pour se marier et posé le principe suivant, pour les hommes et pour les femmes : *« Le mariage ne peut-être contracté avant dix-huit ans révolus[2] ».*

Cependant, le procureur de la République du lieu de célébration du mariage peut accorder une dispense pour *« motifs graves »*, par exemple la grossesse de la jeune fille[3]. Dans ce cas, le mariage ne pourra être célébré qu'avec le consentement parental. Lorsque les deux parents sont décédés ou dans l'impossibilité de manifester leur volonté, le droit de consentir au mariage passe aux « aïeuls et aïeules » de chaque lignée, précise le Code civil[4]. Le dissentiment vaut consentement. **Faire l'impasse de cette règle serait sanctionné par la nullité du mariage.** Précisons que lorsque le mineur n'a pas d'aïeuls, ou s'ils sont dans l'impossibilité de manifester

[1] Loi nº 2006-399 du 4 avril 2006 renforçant la prévention et la répression des violences au sein d'un couple ou commises contre les mineurs.

[2] Art. 144 CC, loi nº 2013-404 du 17 mai 2013.

[3] Art. 145 CC. Relevons que de nos jours les statistiques montrent que peu de demandes sont faites.

[4] Il en est de même si le mineur est émancipé. Art. 413-6 CC.

leur volonté, le consentement du conseil de famille est requis.

La tutelle prendra fin en cas d'émancipation du mineur, qui peut être demandée par le conseil de famille au juge des tutelles[1]. Celui-ci, après audition du mineur, prononcera l'émancipation s'il y a de justes motifs. Le mineur âgé de 16 ans peut demander au juge la convocation du conseil de famille.

Naturellement la tutelle prend fin à la majorité de l'enfant. Cependant, le jeune majeur, bien qu'apte légalement à exercer ses droits et devoirs, n'est pas forcément armé pour gérer tout seul sa vie sociale. Les conseils et le soutien de proches, qui peuvent être des grands-parents, sont souvent nécessaires.

Par ailleurs nous pouvons nous interroger sur la possibilité pour un ascendant de demander **l'adoption de ses petits-enfants orphelins de père et/ou de mère**.

Pendant longtemps le législateur ne soumettait l'adoption de l'enfant par un membre de sa famille, par exemple les grands-parents, à aucune restriction. Cependant, les tribunaux se montraient prudents face à l'adoption d'un enfant par ses grands-parents pour des raisons tenant à une possible utilisation à des fins fiscales ou successorales. En outre l'adoption par les grands-parents pouvait bouleverser les relations intergénérationnelles.

La Cour de cassation s'était prononcée par un refus, dans une affaire où la petite-fille, majeure, demandait à être adoptée par ses grands-parents paternels qui avaient été très présents, palliant la carence parentale. *« [...] si l'adoption a une dimension affective essentielle, derrière laquelle les considérations généalogiques peuvent s'estomper, l'affection ne justifie cependant pas tous les bouleversements familiaux [...] en l'espèce, l'adoption de*

[1] Art. 413-3 et 413-4 CC.

Sandra par ses grands-parents bouleverserait la place de chacun dans l'histoire familiale dans la mesure où elle deviendrait la sœur de son père [...] que son intérêt n'est donc pas démontré, ni pour les adoptants ni pour l'adoptée, dès lors qu'ils sont déjà unis par un lien de parenté et qu'il n'existe aucune raison valable de le modifier en dépit des liens affectifs très forts qui les unissent ; qu'en conséquence, par ces motifs se substituant à ceux des premiers juges, il convient de confirmer le jugement entrepris qui a rejeté la requête en adoption[1] ».

En 2022 le législateur a pris position[2]. Désormais, l'adoption par les grands-parents est interdite. La seule réserve concerne l'existence de motifs graves concernant l'intérêt de l'adopté.

B) En cas de retrait de l'autorité parentale

Il s'agit d'une mesure de protection de l'enfant, prononcée par un juge pénal ou un JAF dans certaines circonstances prévues et encadrées par la loi.

Le retrait peut porter sur tous les attributs de l'autorité parentale, il s'agit d'un retrait total. Il peut n'être que partiel, le jugement précisera alors sur quels droits il s'applique. Par exemple peuvent être maintenus : l'administration légale des biens de l'enfant ou les droits et devoirs de garde, de surveillance et d'éducation. Le retrait peut également ne porter que sur l'exercice des attributs de l'autorité parentale. De même, le juge appréciera l'opportunité de la décision au regard de

---

[1] Cass. 1re civ., 6 mars 2013, nº 12-17183. En l'espèce, les parents de la jeune fille étaient en vie et ne s'opposaient pas à l'adoption. En outre les grands-parents bénéficiaient déjà d'une délégation de l'autorité parentale durant la minorité de la jeune fille.

[2] Art. 346 CC modifié par Ordonnance nº 2022-1292 du 5 octobre 2022 en vigueur au 1er janvier 2023.

l'intérêt de l'enfant et il se peut qu'elle ne concerne *« que certains des enfants déjà nés*[1] *»*.

Dans le cadre pénal, certaines condamnations peuvent s'accompagner d'un retrait de l'autorité parentale[2] :

- crime ou délit commis sur la personne de l'enfant. Ainsi un père est condamné pour agressions sexuelles sur sa fille, il se voit retirer l'autorité parentale et il n'a plus *« à intervenir dans les choix importants pour sa vie*[3] *»* ;
- crime ou délit commis par l'enfant avec son parent ;
- crime ou délit commis contre l'autre parent. Par exemple, violences conjugales.

En dehors de toute condamnation pénale, les parents peuvent se voir retirer l'autorité parentale lorsqu'ils *« mettent manifestement en danger la sécurité, la santé ou la moralité de l'enfant »* en raison d'un certain nombre d'actes énumérés dans le Code civil[4] : *mauvais traitements, consommation habituelle et excessive de boissons alcooliques ou usage de stupéfiants, inconduite notoire, comportements délictueux, notamment lorsque l'enfant est témoin de pressions ou violences, à caractère physique ou psychologique, exercées par l'un des parents sur la personne de l'autre, défaut de soins ou manque de direction*. Par exemple : violences commises par le père et non dénoncées par la mère, justifiant le retrait de l'autorité parentale aux deux parents sur leurs quatre enfants[5].

De même, le retrait de l'autorité parentale pourra être prononcé lorsque l'enfant faisait déjà l'objet d'une

---

[1] Art. 379-1 CC.
[2] Art. 378 CC.
[3] Crim., 24 nov. 2021, nº 21-80.968, NP.
[4] Art. 378-1 CC.
[5] Paris, 5 mars 2015, RG nº 14/10247.

mesure d'assistance éducative et que le ou les parents se sont volontairement abstenus pendant plus de deux ans *« d'exercer les droits et de remplir les devoirs »* qui ne sont pas *« inconciliables avec cette mesure*[1] *»*.

Retenons : Le retrait de l'autorité parentale peut être demandé par un membre de la famille, par exemple les grands-parents[2], en saisissant le tribunal judiciaire du lieu où demeure le parent contre lequel l'action est exercée. La demande est faite par requête, l'avocat est obligatoire[3]. En attendant l'audience, des mesures provisoires peuvent être prises par le tribunal.

Lorsque l'autorité parentale est retirée à un seul des parents, l'autre reste titulaire de l'autorité parentale. En cas de décès de ce parent ou bien s'il a lui aussi perdu l'autorité parentale, l'enfant est confié provisoirement à un tiers qui peut être, par exemple, un grand-père ou une grand-mère, à charge pour lui ou elle d'organiser la tutelle. L'enfant peut également être confié au service départemental de l'aide sociale à l'enfance (ASE).
Même si l'un des deux parents ne se voit pas retirer l'autorité parentale, le tribunal peut choisir de confier l'enfant à l'ASE ou à un tiers, à charge pour celui-ci d'organiser la tutelle. Il peut par exemple s'agir du cas où le parent est sous l'influence de celui à qui l'autorité parentale a été retirée.
Par principe, le retrait s'applique à tous les enfants nés au moment du jugement mais le tribunal peut par exemple, en

---

[1] Pour plus de précisions se reporter au paragraphe concernant « La protection de l'enfant en danger ».
[2] Le tribunal pourra être saisi également par le ministère public, le tuteur de l'enfant ou le service de l'ASE concerné.
[3] Art. 1203 CPC modifié par décret du 11 déc. 2019.

fonction des circonstances, ne prononcer la mesure que pour certains enfants de la fratrie.

En justifiant de circonstances nouvelles, le ou les parents peuvent demander la restitution de leur autorité parentale, dans un délai d'un an après le jugement de retrait.

À noter que si l'enfant est placé en vue d'une adoption, les parents ne peuvent faire cette demande de restitution.

Pour aller plus loin :
https://www.service-public.fr/particuliers/vosdroits/F36522/0?idFicheParent=F3135

Chapitre 4 : Lorsque les parents sont dans l'impossibilité temporaire d'exercer leur autorité parentale

Mme B voudrait aller retrouver son mari et passer plusieurs semaines avec lui à l'Île de la Réunion où il a été envoyé pour son travail. Ils ont une fille, Emma, âgée de 6 ans. La maman préférerait confier Emma à sa grand-mère. Celle-ci, très heureuse par ailleurs, s'interroge sur ses droits, ses obligations.

Léo, 4 ans, est élevé par sa maman, son père ne l'a pas reconnu et n'a pas donné de nouvelles depuis sa naissance. La grand-mère de Léo est très présente dans l'éducation de celui-ci, sa fille, dit-elle, « est incapable d'élever son fils, elle est immature, souffre de troubles psychologiques ».

Le père des jumeaux, Tonio et Nina, 9 ans, vient de décéder à la suite d'un accident du travail. La maman, très affectée, traverse une période dépressive. Elle dit ne pas avoir « la force d'assurer leur protection et leur éducation ». Le grand-père paternel lui vient en aide. D'ailleurs le couple des grands-parents paternels souhaite s'impliquer davantage : suivi scolaire, hébergement pendant les vacances, suivi médical[1].

Il est bien évident que lorsque l'un des parents ne peut exercer l'autorité parentale, l'autre est là pour assumer les fonctions parentales. Par exemple, en cas d'absence temporaire pour raison professionnelle, en cas de maladie invalidante, d'incarcération. Cependant, il se peut que le parent sur lequel pèse l'exercice de l'autorité

[1] Pour tous ces exemples : archives de la MDDEJ.

parentale soit défaillant : il est lui-même malade, ou bien, alors qu'il a reconnu l'enfant il ne s'en occupe pas ou ne s'en est jamais occupé et n'a plus donné de nouvelles depuis un certain temps.

La **délégation de l'exercice de l'autorité parentale** est alors possible, elle permet de transférer partiellement ou totalement les droits et devoirs des parents à un tiers. Il convient cependant de suivre le cadre légal.

- Procédure

Le Code civil commence par affirmer le principe selon lequel l'autorité parentale échappe à la volonté des parties. Ce qui veut dire qu'elle ne peut faire l'objet de *« renonciation »* ni de *« cession »* si ce n'est en vertu d'un jugement et dans les cas définis par la loi.

Le législateur encadre la procédure de la délégation de l'autorité parentale[1]. L'intervention d'un magistrat, le juge aux affaires familiales (JAF), est indispensable.

Retenons : Par principe, le choix du délégataire revient aux parents. Le Code civil énumère les personnes susceptibles d'être désignées[2]. Les ascendants ne sont pas visés nommément mais ils ne sont pas écartés. Les termes utilisés sont *« membre de la famille »* ou bien *« proche digne de confiance »*. Il apparaît que dans un couple de grands-parents, seul l'un des membres pourrait être désigné dans le jugement comme délégataire. La Cour de cassation a eu cependant à se prononcer. Elle admet que les dispositions de l'art. 377 al. 1 *« n'interdisent pas la désignation de plusieurs délégataires lorsque, en*

---

[1] Art. 376 CC, Art. 377 CC, Art. 1202 et s. CPC.

[2] Nous n'envisageons pas ici le recueil de l'enfant par le service de l'ASE ou un établissement agréé.

conformité avec l'intérêt de l'enfant, les circonstances l'exigent[1] ».

Les père et mère ensemble, s'ils exercent conjointement l'autorité parentale, ainsi que le délégataire, présenteront au JAF du domicile du mineur concerné, une requête conjointe, *« lorsque les circonstances l'exigent ».* Seront précisés : le motif de la délégation, les éléments de l'autorité parentale qui sont délégués, éducation, entretien, santé, scolarité, autorisation de sortie du territoire, etc., l'identité du ou des enfants concernés, la date de l'enregistrement de la demande. Le JAF a un pouvoir de décision.

Lorsque, en fonction des circonstances, l'enfant a été recueilli par un membre de la famille, un ascendant par exemple, ce dernier peut saisir lui-même le JAF pour se faire déléguer partiellement ou totalement l'exercice de l'autorité parentale. Voici la remarque d'une avocate : *« Bien que l'exigence du recueil de l'enfant ne leur soit pas imposée, notre expérience nous a permis de constater que l'accueil de l'enfant au foyer [...] du grand-parent et sa prise en charge d'ores et déjà effective constituent un atout [...] ; la pratique mise en place est, là encore, significativement prise en compte par le juge aux affaires familiales*[2] *».*

Avant de statuer, le magistrat peut demander une enquête sociale, des expertises psychologiques et psychiatriques. Il sera contraint parfois de prendre des mesures provisoires pour l'enfant pendant la durée de l'instance. Dans le cas de fratrie, le JAF va apprécier les besoins de chaque enfant et il se peut que les attributs délégués de l'autorité parentale soient différents selon

---

[1] Cass. civ. 1re, 21 sept. 2022, n° 21-50.042.

[2] J. Tillaye-Duverdier, M. Courmont-Jamet, Gaz. Pal., 8 janv. 2019, n° 339k3, p. 45.

chaque frère ou sœur[1]. Le JAF procédera à l'audition du mineur doué de discernement, et celui-ci peut demander à être entendu[2].

Une remarque : il se peut que pour accomplir un acte isolé, usuel, l'intervention du JAF ne soit pas nécessaire. L'inscription dans un établissement scolaire est un exemple. Le Défenseur des droits a eu à s'intéresser à une telle situation, examinons les faits.

Une adolescente doit redoubler sa classe de 3e et préfère changer de collège. Elle souhaite pour cela être hébergée chez ses grands-parents, dans un autre département. Parents, grands-parents sont d'accord. Les services académiques refusent de procéder à l'inscription scolaire de la jeune fille, estimant qu'un jugement de délégation d'autorité parentale est *« indispensable au traitement du dossier »*. La procédure prenant du temps et la rentrée des classes approchant, la mère saisit le Défenseur des droits. Celui-ci est intervenu auprès de la direction des services départementaux de l'Éducation nationale. Voici sa réponse : une telle délégation d'autorité parentale n'est pas nécessaire à l'inscription scolaire d'un enfant, rappelant que le droit à l'éducation est un droit fondamental garanti tant en droit international qu'en droit interne. La jeune fille a pu faire sa rentrée scolaire avec tous les autres jeunes[3].

La délégation est un acte volontaire mais dans un certain nombre d'hypothèses, énumérées par la loi, il s'agira d'une **délégation forcée de l'autorité parentale**. Notamment *« en cas de désintérêt manifeste »*, ou *« d'impossibilité d'exercer tout ou partie de l'autorité parentale »*. Par exemple : décès de l'un des parents et le

---

[1] CA Rennes, 3 nov. 1997, JurisData nº 1997-048995.

[2] Art. 338-1 et 338-4 CPC.

[3] RA 2019-098, www.defenseurdesdroits.fr

survivant ne veut pas s'occuper de l'enfant, famille monoparentale et le parent est incarcéré ou atteint de troubles psychiatriques graves[1]. Ici encore, aucune priorité n'est accordée par la loi aux ascendants, cependant ils peuvent, au titre de « membres de la famille », saisir le JAF du lieu où demeure le mineur et demander la délégation de l'autorité parentale[2].

- Fonctionnement de la délégation

Le ou les parents délégants restent seuls titulaires de l'autorité parentale, mais le délégataire, par exemple grand-père ou grand-mère, se voit confier un certain nombre de tâches. Ainsi, les actes usuels relatifs à la surveillance et à l'éducation pourront être accomplis par le ou les parent(s) ou par le délégataire, par exemple, accompagner l'enfant chez le médecin, l'aide aux devoirs. Vis-à-vis des tiers, la présomption de l'art. 372-2 CC est applicable, c'est-à-dire que le délégataire, lorsqu'il fait un acte usuel relatif à la personne de l'enfant, est réputé agir avec l'accord du ou des parents.

Pour les actes « graves », c'est-à-dire importants, par exemple, orientation scolaire, choix de la religion, il est nécessaire de dresser la liste de ceux pouvant être effectués par le délégataire, dans un document rédigé par les deux parties.

Dans la mesure du possible, l'enfant continue à vivre au domicile parental. Le ou les parents restent investis de l'obligation d'entretien. Précisons que pour la Cour de cassation, l'obligation d'entretien des parents prime sur l'obligation alimentaire qui pèse sur les grands-parents

---

[1] Rennes, 8 févr. 2013, RG n° 12/00146, la mère, atteinte de troubles psychiatriques et d'un alcoolisme chronique est incarcérée pour meurtre.

[2] Art. 377 al. 2 CC et art. 1202 al. 2 CPC.

lorsque leurs petits-enfants sont dans le besoin[1]. Autrement dit l'ascendant délégataire n'est en principe pas tenu de contribuer aux frais d'éducation du mineur.

Que ce soit avec ou sans le consentement parental, la délégation peut n'être que partielle. Le ou les parents délégants restent alors titulaires des attributs non délégués, par exemple l'administration légale des biens du mineur. Notons que le droit de consentir à l'adoption ne peut pas être délégué[2].

- Fin de la délégation

La délégation n'est jamais fixée pour une durée déterminée et elle peut prendre fin en cas de circonstances nouvelles. Ainsi, lorsque le délégataire ne veut plus ou ne peut plus remplir cette fonction il doit saisir le JAF afin qu'il se prononce sur la désignation d'un nouveau délégataire. Il pourra être accordé un droit de visite et d'hébergement au profit de l'ancien délégataire pour permettre à l'enfant de garder un lien affectif.

La délégation de l'autorité parentale cesse automatiquement aux 18 ans révolus de l'enfant ou bien par jugement du JAF du domicile du mineur, à la demande du délégataire et du ou des parents délégants.
Le jugement pourra accorder au(x) parent(s) délégant(s) le droit de récupérer les droits d'autorité parentale. Ils devront justifier de circonstances nouvelles. Par exemple cette très jeune mère célibataire à la naissance de son enfant. Une délégation d'autorité parentale avait été prononcée au profit des grands-parents maternels en raison

[1] Cass. Civ. 1re, 28 mars 2014, nº 12-29803. *« Les grands-parents ne sauraient être tenus en leur qualité de débiteurs d'aliments de payer les sommes auxquelles leur fils, père de l'enfant, avait été condamné »*.
[2] Art. 377-3 CC.

de son immaturité. Jugée capable d'exercer son autorité parentale, sa demande en restitution est accordée[1].
Le ou les parents pourront être tenus de rembourser tout ou partie des frais engagés par le délégataire pour l'entretien de l'enfant.
Que va-t-il se passer si le parent délégant, seul titulaire de l'autorité parentale, décède ? La délégation cesse automatiquement, l'enfant se retrouve sans parent. L'ascendant qui était investi de la délégation peut demander l'ouverture d'une tutelle et se porter candidat auprès du conseil de famille pour assumer le rôle de tuteur.

Pour aller plus loin :

Des formulaires de requête : demande de délégation ou révocation d'une demande de délégation sont sur le site du ministère de la Justice.
www.service-public.fr/particuliers/vosdroits/R56731

[1] CA Papeete, 16 juin 2005, nº 563/CIV/04, JurisData nº 2005-288541.

Chapitre 5 : Dans le cadre de la protection de l'enfance en danger

Nous pouvons nous interroger sur le rôle et la place des grands-parents face à la souffrance de leurs petits-enfants, victimes de maltraitance intrafamiliale.
Coups, punitions répétées et excessives, inadaptées à l'âge, brimades, exposition à la violence conjugale, privations de soins, de nourriture, agressions sexuelles…
Lorsque la violence est intrafamiliale, la révélation est d'autant plus délicate et la protection difficile à mettre en place.

Comment dénoncer aux professionnels compétents ?
Nous l'avons vu, les grands-parents sont très présents quand il s'agit de suppléer à l'absence des parents : accueil pendant les vacances ou pendant le temps de travail des parents, accompagnement à l'école ou aux activités de loisirs, garde occasionnelle pendant une maladie… Tous ces moments permettent une proximité avec l'enfant, propice aux observations de ses comportements, de ses réactions.
Les grands-parents peuvent être les premiers à découvrir des traces de coups, brûlures, morsures, sur le corps ou bien des changements brutaux d'attitudes, des peurs, des replis sur soi, des angoisses inexpliquées… Ces éléments peuvent être des indices de maltraitance intrafamiliale[1].

---

[1] En 2023, on dénombre 51 764 victimes mineures dans un cadre intrafamilial concernées par une plainte. Source : ONPE chiffres nationaux.

Définition de la maltraitance par l'Organisation mondiale de la santé (OMS) :

« La maltraitance de l'enfant désigne les violences et la négligence envers toute personne de moins de 18 ans. Elle s'entend de toutes les formes de mauvais traitements physiques et/ou affectifs, d'abus sexuel, de négligences ou de traitement négligent, ou d'exploitation commerciale ou autre, entraînant un préjudice réel ou potentiel pour la santé de l'enfant, sa survie, son développement ou sa dignité, dans le contexte d'une relation de responsabilité, de confiance ou de pouvoir. »

Il ne s'agit pas alors de vouloir tout maîtriser, de faire soi-même une enquête, d'assaillir l'enfant d'interrogations ou de vouloir le faire parler à tout prix. Il convient d'être prudent, protecteur mais agissant. Quand le doute s'installe, il existe des solutions d'intervention pour déclencher la protection de l'enfant.

Retenons : Lorsqu'un grand-père, une grand-mère, a l'impression que l'un de ses petits-enfants est victime de maltraitance intrafamiliale, il (ou elle) doit se tourner vers les professionnels compétents. Ne rien faire constitue le délit de non-assistance à personne en danger puni par le Code pénal[1]. En outre, la non-dénonciation de mauvais

[1] Pour qu'il y ait délit il faut la réunion de 3 éléments : l'existence d'un danger, la possibilité de porter secours, le refus volontaire de le faire. Art. 223-6 CP.

traitements, privations, agressions ou atteintes sexuelles infligées à un mineur est également un délit[1].

Il est possible de contacter le 119, le Service national d'accueil téléphonique de l'enfance en danger (SNATED[2]). Des professionnels de l'enfance, psychologues, juristes, travailleurs sociaux, sensibilisés aux dispositifs administratifs et judiciaires de la protection de l'enfant sont à l'écoute. Ils répondent aux interrogations, posent les questions utiles afin de recueillir des précisions et déterminer la suite à donner : transmission d'une information préoccupante à la CRIP (Cellule de recueil des informations préoccupantes) du département concerné, ou aux services judiciaires de police ou de gendarmerie, ou au procureur de la République.

> En 2022, les grands-parents représentaient 1 616 *« sollicitations »* au SNATED, dont 821 ont donné lieu à une aide immédiate et 795 à une information préoccupante transmise à une CRIP.
>
> Source : Données issues de LISA, logiciel métier du SNATED, traitements ONPE 2023.

On peut également s'adresser directement à la CRIP de son département, ou prendre contact avec une association d'aide aux victimes, ou alerter la police ou la gendarmerie, ou saisir le procureur de la République.

---

[1] Art. 434-3 CP.

[2] Voir annexe : Le Service national d'accueil téléphonique de l'enfance en danger (SNATED).

La saisine du juge des enfants est possible, cependant une remarque s'impose. Le législateur énumère les personnes habilitées à saisir le juge des enfants qui pourra ordonner une protection judiciaire, c'est-à-dire une mesure d'assistance éducative. Il s'agit des père et mère, ensemble ou séparément, du tuteur, de la personne ou du service à qui l'enfant a été confié, du mineur lui-même ou du ministère public. Les grands-parents ne figurent pas dans la liste. Cependant, ils peuvent toujours aviser le juge des enfants qui dispose d'un pouvoir d'auto-saisine[1].

Lorsque les autorités compétentes ont été alertées, suivant l'urgence et la gravité de la situation, des mesures vont être mises en place[2]. La protection administrative, confiée au service départemental de l'Aide sociale à l'enfance (ASE), concerne les mineurs en risque de danger. Lorsque la situation est grave, ou les mesures administratives insuffisantes, ou lorsque les parents s'opposent à l'intervention, le juge des enfants est alors compétent au titre de la protection judiciaire et plus précisément de l'assistance éducative.

Dans ce cadre-là il peut arriver que les grands-parents soient sollicités. Examinons à quel titre et au terme de quelle procédure.

S'il s'avère nécessaire de placer l'enfant en dehors du domicile parental, le législateur prévoit la possibilité pour le juge des enfants de le confier[3] *« à un autre membre de la famille ou à un tiers digne de confiance »*.

Cette disposition a été ajoutée à la législation sur la protection de l'enfance en danger par la loi[4] du 7 février

---

[1] Art. 375 CC.

[2] Voir annexe : La protection de l'enfance en danger : quelques repères.

[3] Art. 375-3 CC.

[4] Loi n° 2022-140 du 7 février 2022 relative à la protection de l'enfance, dite loi Taquet.

2022. Ainsi, lorsque le juge des enfants prend la décision de placer l'enfant, il doit envisager en priorité *« l'accueil par un membre de la famille ou par un tiers digne de confiance »*. Il est bien évident que seront appréciées *« les conditions d'éducation, de développement physique, affectif, intellectuel et social de l'enfant »*, en outre il sera recherché une cohérence avec le *« projet pour l'enfant*[1] *»*.
Notons également que le magistrat, dans la mesure du possible, doit respecter le principe selon lequel, *« l'enfant ne doit pas être séparé de ses frères et sœurs*[2] *»*, sauf si cela est contraire à son intérêt.
Avant toute décision, le juge des enfants va recevoir les parents. Il doit également auditionner le mineur *« capable de discernement*[3] *»*. Au cours de l'audition le juge va vérifier les relations que l'enfant entretient avec la personne désignée, par exemple : grand-mère, grand-père.

Retenons : Le mineur capable de discernement a droit à un avocat, différent de celui de ses parents. Le juge des enfants peut demander pour le mineur la désignation d'un administrateur ad hoc, personne habilitée, pour l'aider à choisir un avocat, l'accompagner et le soutenir lors de l'audition[4].

La décision du magistrat de confier l'enfant aux grands-parents au titre de *« tiers digne de confiance »* doit être notifiée au président du Conseil départemental de leur département de résidence. Le service de l'ASE ou un organisme habilité est alors chargé *« d'informer et d'accompagner »* la personne à qui est confié l'enfant. Un

---

[1] Art. L 223-1-1 CASF.
[2] Art. 371-5 CC.
[3] Art. 375-1 al. 3 CC.
[4] La décision est notifiée au mineur âgé de plus de 16 ans qui peut faire appel dans un délai de 15 jours.

référent est désigné, *« il rencontrera l'enfant de manière régulière »* et *« autant que de besoin »*, souligne le décret d'application de la loi[1]. Cet accompagnement est renforcé pour les enfants de moins de 3 ans. Dans le jugement, le magistrat précise les modalités de rencontre de l'enfant avec ses parents.
Exemple de situation : M. et Mme B., grands-parents maternels, se sont occupés de leurs petites-filles, Anne et Louise, jumelles de 8 ans, durant la maladie de leur mère et à la suite du décès de celle-ci. Ils les ont hébergées, conduites à l'école et ont assuré un soutien affectif. Le père, fragile psychologiquement, se disait *« incapable d'assumer »*. Il s'est d'ailleurs absenté un certain temps, ne précisant pas son lieu de vie. Les grands-parents ont eu la volonté de favoriser des rencontres père-filles. Cette situation a duré quelques mois, puis Anne et Louise ont souhaité revenir vivre *« chez elles »*, avec leur père. Mais aujourd'hui, elles se plaignent du comportement de celui-ci : des absences la nuit jusque *« très tôt le matin »*, des accès de violence verbale, des gifles *« violentes, injustifiées et fréquentes »*, il semble *« avoir bu et dépassé les bornes »*. Elles voudraient bien revenir chez leurs grands-parents, mais elles souhaitent que leur père *« se soigne »*, pour *« que tout soit comme avant »*.
Le juge des enfants confie les fillettes aux grands-parents, au titre de tiers digne de confiance. Une AEMO (Action éducative en milieu ouvert) est décidée, en soutien aux enfants[2].

Pour être tiers digne de confiance, encore faut-il en faire la demande. En d'autres termes **il faut présenter une requête au juge des enfants**. C'est la même chose pour le

[1] Art. D 221-24-2 CASF. Décret n° 2023-826 du 28 août 2023.
[2] Archives personnelles de l'auteur.

membre de la famille qui veut se voir confier l'enfant. Le choix de l'une ou l'autre formule revient au magistrat.
Une indemnisation est versée par le département pour *« les dépenses d'entretien, d'éducation et de conduite*[1] *»*. Il est possible également de bénéficier des prestations familiales, dès lors qu'est assumée la charge effective et permanente de l'enfant.

Les parents conservent les droits et devoirs d'autorité parentale, cependant le tiers digne de confiance ou le membre de la famille peut accomplir les « actes usuels » nécessaires à l'éducation et à la surveillance du mineur confié[2]. Cette notion d'acte usuel est souvent l'objet d'interprétation, à l'origine de conflits. Le législateur ne donne pas de définition. Il faut alors se référer à la jurisprudence. Généralement est retenue une définition proposée par la cour d'appel d'Aix-en-Provence qui avait à se prononcer dans une affaire concernant une mesure d'assistance éducative. Les actes usuels sont *« des actes de la vie quotidienne, sans gravité, qui n'engagent pas l'avenir de l'enfant, qui ne donnent pas lieu à une appréciation de principe essentielle et ne présentent aucun risque grave apparent pour l'enfant, ou encore, même s'ils revêtent un caractère important, des actes s'inscrivant dans une pratique antérieure non contestée*[3] *»*.

Bien que cette formule soit bien encadrée par le législateur, décidée par le juge des enfants, délimitée dans le temps, avec le soutien du service départemental de l'ASE, certains grands-parents investis auprès de leurs petits enfants se retrouvent *« isolés »*, *« lâchés dans la nature »*. Actes usuels ou non, relations délicates avec le

---

[1] Art. L 228-3 CASF. Art. D 221-4-2 à D 221-24-4 CASF.
[2] Voir annexe : Actes usuels et non usuels de l'autorité parentale.
[3] CA Aix-en-Provence, 28 oct. 2011, n° 11/00127, JurisData n° 2011-032840.

ou les parents, soucis de responsabilité… autant de préoccupations difficiles à régler.

Une recherche réalisée pour le Défenseur des droits en 2013 mettait en évidence la difficulté majeure face à la mesure. *« À entendre les plaintes de l'Aide sociale à l'enfance concernant la saturation des professionnels pour les autres missions qu'ils exercent, on mesure combien les membres de la famille et les tiers dignes de confiance risquent d'être oubliés*[1] *».*
De fait, peu de juges des enfants décident d'une telle mesure.

Une expérience intéressante : L'Association RETIS (pour Retisser des liens), dans le cadre de la protection de l'enfance en Haute-Savoie, a ouvert en 2011 un service d'aide aux tiers.

Association RETIS, 16, rue F. Dubouloz 74205 Thonon-les-Bains.

En accord avec le service de l'ASE, lorsqu'un enfant est confié par le juge à *un membre de la famille ou un tiers digne de confiance*, deux référents lui sont attribués. L'un est chargé des rapports enfant-tiers : gestion du quotidien, réponses aux interrogations… L'autre se concentre sur la relation parents-tiers : acceptation de la place occupée par le tiers auprès de l'enfant, tensions possibles dans le choix des décisions, attitude face à des parents défaillants, absents…

---

[1] C. Sellenet, M. L'Houssni, D. Perrot, G. Calama, *« Solidarités autour d'un enfant : l'accueil dans la parentèle ou chez des tiers dignes de confiance en protection de l'enfance »* ; Recherche réalisée pour le Défenseur des droits, 2013.

Les deux référents interviennent en binôme lors de chaque entretien.

Pour aller plus loin :
Comment avoir des précisions sur « l'information préoccupante » et savoir à qui parler ?
Dans certains départements des guides ont été rédigés.
https://cvm-mineurs.org
https://eduscol.education.fr/1013/enfants-en-danger-comment-les-reperer-que-faire/

« Le 119 au service des droits de l'enfant » – livret labellisé par le Défenseur des droits, téléchargeable sur le site www.allo119.gouv.fr.

Mesures de protection :
https://www.justice.gouv.fr/justice-france/justice-mineurs/protection-mineurs-danger
https://www.servicepublic.fr/particuliers/vosdroits/F17777
https://www.actionenfance.org/actualites/comprendre-la-procedure-dassistance-educative/

IIIe Partie : Émergence des beaux-grands-parents

En commençant cet ouvrage, nous avons souligné combien la société se transforme, les couples évoluent, et les recompositions familiales sont fréquentes.

La conséquence pour un enfant, une fratrie est la multiplicité des relations intrafamiliales. Lorsque l'un des parents se remet en ménage avec un nouveau partenaire, il se peut que la fratrie s'agrandisse et que de « nouveaux grands-parents » entrent dans le cercle de famille. Des relations intimes peuvent se créer, des sentiments peuvent naître.

Il est intéressant de se demander si le législateur accorde une place spéciale à ces nouveaux « grands-parents ». Peuvent-ils prétendre à des droits, dans quelles conditions ?

Chapitre 1 : Place des « beaux-grands-parents » dans la famille ?

Les parents de Louis, 13 ans, se sont séparés quand il avait quatre ans. En garde alternée, il se rend chez son père une semaine sur deux. Ses deux parents habitent à la campagne, dans deux villages proches. Le père de Louis a refait sa vie. Une petite sœur, Julia, est née il y a 6 ans. Il se trouve que le grand-père maternel de Julia, Georges, s'occupe beaucoup de sa petite-fille, il est très présent. Louis partage l'amour de la pêche et de la nature avec son « papy Georges », son unique grand-père.

Madame D. est très proche de sa fille. Celle-ci n'a pas d'enfant, mais elle vit en couple avec le père de Victor, 4 ans. Cette grand-mère de cœur entoure Victor qui a perdu sa maman et dont les grands-parents paternels vivent à l'étranger.

Paul et Laure se sont mariés il y a trois ans. Un petit garçon est né. Laure avait déjà une fille, Elsa, âgée de 5 ans. La mère de Laure, grand-mère d'Elsa, craint de ne plus voir sa petite-fille. D'autant plus que les parents d'Elsa préparent leur déménagement pour aller habiter « à l'autre bout de la France », près des parents de Paul. Elle vient se renseigner dans une association d'écoute et d'information.

Le phénomène de recomposition familiale modifie le visage de la famille traditionnelle. Aux côtés des grands-parents dont nous avons vu que le statut juridique est fondé sur la filiation, coexistent des *« nouveaux grands-parents »*, dénommés aussi *« beaux-grands-parents*[1] *»* ou encore grands-parents de fait.

---

[1] Expression créée par Irène Théry et Marie-Hélène Meulders-Klein (1993).

En 2021, le rapport du groupe de travail parlementaire[1], chargé d'étudier la place des grands-parents dans notre société et de faire des recommandations, après avoir montré l'importance des recompositions familiales, souligne le besoin de créer de la *« grand-parentalité symbolique »* en dehors des liens de sang.

Essayons tout d'abord de définir cette catégorie de « grands-parents ».

Sont désignés ainsi, afin de signifier le lien qui les attache, les parents d'un des membres du couple par rapport aux enfants du partenaire, nés d'une précédente union.

Rien dans la loi ne nous permet de donner une définition de cette grand-parentalité par alliance. La jurisprudence ne nous offre pas non plus de précision.

Sur le plan psychologique, un éclairage intéressant nous est fourni par le professeur Schneider. Celui-ci analyse les fondements de l'attachement de l'enfant avec sa *« belle-grand-mère[2] »*. Après avoir souligné qu'il s'agit d'une relation élective, puisqu'entièrement basée sur la volonté des intéressés, il énumère quatre conditions qui vont façonner cette relation. Ainsi, il faut que cette grand-mère par alliance ait déjà une identité de grand-mère. Ensuite, les rencontres, les relations avec les beaux-petits-enfants doivent être fréquentes. De même, cette identité doit pouvoir se *« déployer dans un espace symbolique accessible »*, c'est-à-dire que la présence d'une autre grand-mère peut rendre difficile l'intimité. En outre, *« le rapprochement des filiations »* par de nouvelles naissances dans le couple peut rendre la situation plus difficile à vivre.

[1] *Les grands-parents, des seniors comme les autres ?*, juin 2021, sous la direction d'O. Givernet, députée de l'Ain. Assemblée nationale.

[2] B. Schneider, « "Les belles grands-mères" ; Être "beaux-grands-parents" au sein des familles recomposées », in *Grands-parents et grands-parentalités*, p. 185 à 197, éd. Érès, 2005.

Nous le voyons, la place de ces beaux-grands-parents sera très variable, suivant les circonstances et en tout cas, soumise au bon vouloir des uns et des autres.

Chapitre 2 : L'intérêt de l'enfant est le socle du lien avec le ou les beaux-grands-parents

Nous l'avons noté, le législateur accorde une place dans la famille, dans certaines circonstances, au *« tiers ou au proche, digne de confiance »*. Encore faut-il que cela soit dans l'intérêt de l'enfant. C'est bien cette notion qui va permettre de créer un lien juridique entre enfants et beaux-grands-parents.

L'intérêt de l'enfant est un concept ancien dans notre droit de la famille[1] et une référence dans de nombreux textes du Code civil. Cependant, c'est surtout grâce à la Convention internationale des droits de l'enfant (CIDE) que cette expression a pris toute son importance. Notamment depuis que la Cour de cassation a admis la possibilité pour tout justiciable d'invoquer l'art. 3 de la CIDE devant les tribunaux[2].

> *« Dans toutes les décisions qui concernent les enfants, qu'elles soient le fait des institutions publiques ou privées de protection sociale, des tribunaux, des autorités administratives ou des organes législatifs, l'intérêt supérieur de l'enfant doit être une considération primordiale »*, art. 3 CIDE.

Dans le sujet qui nous concerne, cette référence à l'intérêt de l'enfant va se présenter dans plusieurs situations tenant à qualifier les rapports qui unissent un enfant avec des personnes que nous avons appelées beaux-

---

[1] M. Donnier, L'intérêt de l'enfant. D. 1959, chron. p. 179.
[2] Cass. civ. 1re, 18 mai 2005, Bull. civ. 1, n° 211.

grands-parents : délégation de l'autorité parentale, placement par mesure d'assistance éducative, octroi d'un droit de visite et d'hébergement.
Si tant est qu'il l'utilise, le législateur ne donne pas de définition de *« l'intérêt de l'enfant »*. Seul le Code de l'action sociale et des familles énumère quelques critères visant à préciser ce que recouvre ce terme : *« prise en compte de ses besoins fondamentaux, physiques, intellectuels, sociaux et affectifs, ainsi que le respect de ses droits*[1] *»*. Il s'agit en effet d'une notion qui va dépendre des circonstances et du vécu de l'enfant. En revanche, cela demande aux magistrats concernés, JAF ou juge des enfants, de prendre le temps de vérifier, concrètement, où se situe cet intérêt de l'enfant.
Par exemple : après la séparation des parents, la rupture du lien affectif entre un enfant et un beau-grand-parent peut être mal vécue. Une médiation familiale peut être tentée. En cas d'échec, le beau-grand-parent peut demander au JAF un droit de visite et d'hébergement en s'appuyant sur l'intérêt de l'enfant à maintenir la relation (art. 371-4 CC).
Autre exemple : dans un contexte de carence parentale, le beau-grand-parent qui aurait recueilli l'enfant pourrait saisir le JAF[2] afin de demander une délégation de l'exercice de l'autorité parentale. La loi prévoit cette possibilité, notamment en cas de *« désintérêt manifeste des parents »* s'il y va de l'intérêt de l'enfant.

Le magistrat dispose d'un certain nombre d'outils pour évaluer l'intérêt de l'enfant. Ainsi, il peut décider d'une enquête sociale afin de *« recueillir des renseignements sur la situation de la famille et les conditions dans lesquelles vivent et sont élevés les enfants*[3] *»*.

---

[1] Art. L 112-4 CASF.
[2] Art. 377 al. 2 CC.
[3] Art. 373-2-12 CC.

De même, le magistrat procédera à l'audition de l'enfant, capable de discernement[1].

Retenons : Le mineur peut présenter directement au juge sa demande d'audition, en tout état de la procédure et même pour la première fois en cause d'appel[2]. Cependant l'avis de l'enfant ne lie pas le magistrat, il s'agit d'un élément, parmi d'autres, qui sert à déterminer l'intérêt de l'enfant.

Si le beau-grand-parent demeure encore dans l'ombre, nous remarquons bien que le législateur cherche à élargir les relations affectives qu'un enfant peut tisser au cours de sa minorité. L'intérêt de l'enfant est bien le fondement de cette volonté.

Pour aller plus loin :
www.egpe.org
www.allo-grandsparents.fr
www.unaf.fr
Voir : portail doc

---

[1] Art. 388-1 CC. Nous avons étudié ce droit de l'enfant à être entendu par le juge, ci-dessus.
[2] Art. 338-2 CPC.

Conclusion

Étudier les dispositions du droit de la famille accordant une place aux grands-parents ou ascendants permet de se rendre compte de leur présence dans toutes les circonstances de la vie de leurs petits-enfants : filiation, décès ou maladie invalidante d'un ou des parents, séparation parentale, retrait des droits parentaux, protection de l'enfance en danger. C'est dire que le législateur s'attache toujours à préserver la notion de famille. Certes, mais il convient de nuancer cette affirmation.

Nous pouvons relever que les grands-parents détiennent encore quelques bribes de prérogatives, intimement liées à leur qualité d'ascendants. Ainsi, *« les aïeuls et aïeules »* peuvent faire opposition au mariage de leurs petits-enfants[1] ; en cas de décès des parents les *« grands-parents »* ont le droit de consentir au mariage de leur petit-enfant mineur ayant obtenu une dispense ; dans le domaine médical *« les grands-parents »* peuvent se prêter à un don d'organe dans l'intérêt thérapeutique direct de leur petit-enfant[2].

Cependant, il ne s'agit plus de leur reconnaître aveuglément des droits du seul fait de leur place dans la famille. Comme l'écrivait déjà le professeur Th. Garé au début du XXIe siècle : *« les grands-parents d'aujourd'hui ne disposent quasiment plus de droits absolus. Ils ne peuvent plus se comporter en maîtres du lignage ou en gendarmes de la parenté car l'ensemble des prérogatives*

---

[1] Art. 173 CC, créé par la loi 1803-03-17 promulguée le 27 mars 1803.
[2] Art. L 1231-1 CSP.

qui leur sont reconnues sont soumises à l'intérêt de l'enfant[1] *».*

Aujourd'hui, les rapports ne sont plus hiérarchisés, la famille présente de nouveaux visages : monoparentalité, séparation, recomposition. Les liens se construisent autour de l'enfant et la notion d'intérêt de l'enfant est essentielle.

Alors que pouvons-nous répondre à la question : grands-parents, quels droits ?

Il s'agit bien de droits mais ils ne sont pas réservés aux grands-parents. En effet ils sont reconnus à *« un membre de la famille », « un proche digne de confiance », « un tiers choisi de préférence dans sa parenté ».* Le cercle affectif et protecteur s'est resserré autour de l'enfant. De ce fait, c'est bien l'intérêt de l'enfant qui est le critère de reconnaissance et d'attribution de ces droits : droit de maintenir des liens affectifs, d'assurer la protection de l'enfant, droit d'aider ou soutenir les parents dans l'exercice de leur autorité parentale. Reconnaître et rechercher l'intérêt de l'enfant sera donc essentiel.

---

[1] Th. GARE, *Réflexions autour d'un thème d'actualité,* in « La nouvelle place des grands-parents dans la famille », N. COUZIGOU-SUHAS, Th. GARE, Ch. LIENHARD, M. SCHMITT. Aj fam. Mars 2002.

Principaux sigles et abréviations

AEMO : Assistance éducative en milieu ouvert.
Art. : Article de loi ou de code.
A.J. Fam. : Actualité juridique famille.
Al. : alinéa.
ASE : Aide sociale à l'enfance.
Ass. plé. : Assemblée plénière de la Cour de cassation.
Bull. civ. : Bulletin des arrêts des chambres de la Cour de cassation.
CA : Cour d'appel.
CASF : Code de l'action sociale et des familles.
Cass. : Cour de cassation.
CC : Code civil.
Ch. : Chambre.
Chr : Chronique.
Civ. : Civile
Civ. 1re : Première chambre civile de la Cour de cassation.
CIDE : Convention internationale des droits de l'enfant.
COJ : Code de l'organisation judiciaire.
CSP : Code de santé publique.
CP : Code pénal.
CPC : Code de procédure civile.
Crim. : Chambre criminelle de la Cour de cassation.
CRIP : Cellule départementale de recueil des informations préoccupantes.
D : Recueil Dalloz.
D (suivi d'un numéro) : Article d'un décret.
Dr. fam. : Droit de la famille.

IP : Information préoccupante.
JAF : Juge aux affaires familiales.
JCP : Semaine juridique – édition générale.
JO : Journal officiel.
L (suivi d'un numéro) : Article de loi.
MDDEJ : Maison des droits des enfants et des jeunes.
Obs. : Observation.
ONPE : Observatoire national de la protection de l'enfance.
PMI : Service de protection maternelle et infantile.
s. : Suivant.
SNATED : Service national d'accueil téléphonique de l'enfance en danger.
Somm. : Sommaire.

Annexes
Compléments d'information

Les grands-parents peuvent-ils être tenus responsables des dommages causés par leur petit-enfant qu'ils hébergent ?

Quel magistrat pour la tutelle des mineurs ?

Fonctions du juge des enfants ?

Autorité parentale : quelques repères.

Le Service national d'accueil téléphonique pour l'enfance en danger.

La protection de l'enfance en danger : quelques repères.

Actes usuels et non usuels de l'autorité parentale.

L'action en constatation de possession d'état.

Les grands-parents peuvent-ils être tenus responsables des dommages causés par leur petit-enfant qu'ils hébergent ?

Pour le législateur : *« Le père et la mère, en tant qu'ils exercent l'autorité parentale, sont solidairement responsables du dommage causé par leurs enfants mineurs habitant avec eux. »* (Art. 1242 CC, ancien art. 1384)

Pour la Cour de cassation : La cohabitation est la conséquence de l'exercice conjoint de l'autorité parentale et l'expression : *« habitant avec eux »* n'est pas à prendre au pied de la lettre. Les père(s) et/ou mère(s), détenteurs de l'autorité parentale, sont donc responsables de plein droit, dans la mesure où ils sont chargés de l'éducation de leur enfant.

Ainsi : **la responsabilité des père et mère est retenue même lorsque l'enfant est hébergé temporairement par les grands-parents**. Seules la force majeure ou la faute de la victime peuvent les exonérer. En cas de faute dans la surveillance, la responsabilité des grands-parents pourrait, bien entendu, être engagée.
Cependant, les magistrats tiennent compte de l'âge de l'enfant, de son discernement, de sa tendance à l'incivilité. Par exemple : la responsabilité de ce grand-père n'a pas été retenue dans l'incendie provoqué chez un voisin par son petit-fils de 11 ans. Pour la Cour de cassation, le grand-père n'a pas commis de faute : il ignorait que son petit-fils avait trouvé un briquet dans la propriété voisine, en outre celui-ci au moment des faits était doté d'une certaine autonomie (Cass. civ. 2e, 5 févr. 2004, nº 01-03585/02-15383).

En revanche : la responsabilité des père et mère ne sera pas retenue lorsque par décision administrative ou judiciaire l'enfant est confié à un tiers, par exemple : placement par mesure d'assistance éducative par le juge des enfants, remise de l'enfant aux grands-parents par le JAF dans le cadre de l'art. 373-3 CC.

En cas de séparation parentale. La Cour de cassation, dans un arrêt de revirement de jurisprudence, admet que, même si l'enfant est par exemple en garde alternée, la condition de cohabitation est considérée comme remplie. Les deux parents demeurent responsables des dommages causés par leur enfant mineur (Ass. plén., 28 juin 2024, n° 22-84.760).

Quel magistrat pour la tutelle des mineurs ?

Le juge aux affaires familiales (JAF), magistrat du tribunal judiciaire, exerce les fonctions de juge des tutelles des mineurs (art. L 213-3-1 COJ).

Le tribunal judiciaire compétent est celui dans le ressort duquel est située la résidence habituelle du mineur concerné ou celui du domicile du tuteur (art. 1211 CPC).

Fonctions du juge des tutelles :

- désignation, pour la durée de la tutelle, des membres du conseil de famille (art. 399 CC) ;
- convocation du conseil de famille, toutes les fois qu'il l'estime nécessaire ainsi que lorsqu'elle est demandée par deux des membres, ou le tuteur, ou le subrogé tuteur, ou le mineur âgé d'au moins 16 ans (la demande du mineur âgé de moins de 16 ans est soumise à l'appréciation du juge) ;
- audition du mineur, capable de discernement sur les points à l'ordre du jour de la réunion ;
- présidence de la réunion ;
- surveillance, avec le procureur de la République, des tutelles de son ressort. Il peut ainsi convoquer le tuteur, le subrogé tuteur, les membres du conseil de famille afin de leur demander toute information et toute explication. Le juge peut prononcer contre eux des injonctions et condamner à l'amende civile prévue à l'art. 411-1 CC ceux qui n'y ont pas déféré.

Autorité parentale : quelques repères

Définition : L'autorité parentale est un ensemble de droits et devoirs ayant pour finalité l'intérêt de l'enfant (art. 371-1 CC).

Titulaires : Elle appartient aux parents jusqu'à la majorité ou l'émancipation de l'enfant. La loi exige que les parents *« associent l'enfant aux décisions qui le concernent selon son âge et son degré de maturité »* (art. 371-1 al. 3 CC).

Domaine : L'autorité parentale s'exerce sur la personne de l'enfant et sur ses biens.

Remarque : le législateur distingue le fait d'être titulaire des droits et devoirs d'autorité parentale, et le fait d'exercer ses droits et devoirs. Ainsi à la suite d'un jugement le parent incriminé peut perdre l'exercice de ses droits mais non la titularité.

Délégation : L'autorité parentale est d'ordre public, elle échappe à la volonté des parties. Cependant, le législateur admet et réglemente la **délégation volontaire** de tout ou partie des droits et devoirs parentaux. L'intervention du JAF est nécessaire.

Le transfert peut porter sur tous les droits et devoirs parentaux : il s'agit d'une délégation totale, ou seulement sur certains qui seront précisés dans le jugement : il s'agit alors d'une délégation partielle.

La **délégation peut être forcée**, c'est-à-dire non consentie par les parents. Le juge confie tout ou partie des prérogatives de l'autorité parentale au tiers délégataire.

Remarque : ici encore il s'agit de transférer l'exercice et non la titularité, et la délégation peut prendre fin par jugement à tout moment. Précisons que la délégation est toujours provisoire.

Retrait : Mesure prononcée par un tribunal qui consiste à retirer les droits d'autorité parentale ou l'exercice de ces droits à l'un ou les deux parents, pour protéger l'enfant. Le retrait peut être total ou partiel et ne porter que sur certains attributs énumérés dans le jugement.

Le Service national d'accueil téléphonique de l'enfance en danger (SNATED)

Le service peut être joint par :

- **Téléphone 24h/24h : via le 119.** L'appel est gratuit, et ne figure pas sur le relevé des communications. Des professionnels de l'enfance : psychologues, travailleurs sociaux, juristes, formés à l'écoute, reçoivent l'appel, recueillent les précisions utiles et décident soit d'une aide immédiate (AI), soit d'une transmission d'information préoccupante à la CRIP (Cellule de recueil des informations préoccupantes) du département concerné.

  L'aide immédiate peut consister, suivant la gravité et l'urgence de la situation, à informer les services départementaux : service social, PMI (protection maternelle et infantile), ou les services judiciaires : police, gendarmerie, procureur de la République.

- **Formulaire** accessible sur le site internet du SNATED.

- **Tchat**, système qui permet de discuter par écran interposé, sur internet, ou via un logiciel adéquat. Mis en service en mai 2021, le tchat est réservé aux enfants, adolescents et jeunes majeurs.

En 2022, on dénombre 37 217 sollicitations provenant des trois canaux d'accès au « 119 » : téléphone, formulaire et tchat. C'est-à-dire en moyenne : 102 sollicitations traitées par jour. Parmi ces sollicitations : 21 315, qualifiées d'informations préoccupantes, ont été transmises aux CRIP des départements de résidence des enfants en danger ou en risque de l'être . 15 902 ont donné lieu à une réponse d'aide immédiate.

Les membres de la famille proche des enfants évoqués sont ceux qui sollicitent en premier le « 119 » pour des situations d'enfants en danger ou en risque de danger.
En 2022, les grands-parents représentaient 1 616 sollicitations du SNATED.

Source : Données issues de LISA, logiciel métier du SNATED, traitements ONP.

La protection de l'enfance en danger : quelques repères

Information préoccupante : Tout élément d'information susceptible de laisser craindre qu'en enfant se trouve en situation de danger ou de risque de danger.

Signalement : Action de porter à la connaissance du procureur de la République la situation d'un enfant en danger ou en risque de l'être.

Protection administrative : Mesures mises en place par le service départemental de l'Aide sociale à l'enfance (ASE), avec l'accord des parents. L'ASE intervient le plus souvent au domicile des parents, le mineur peut également être accueilli dans un établissement. Certaines formules s'appliquent à éviter la dilution des liens familiaux, par exemple : l'accueil modulable combine le maintien de l'enfant au domicile parental avec des accueils en établissement le week-end ou quelques jours par semaine.

Protection judiciaire : Si la protection administrative ne suffit pas à mettre fin à la situation de danger, la justice prend le relais. Le juge des enfants peut prononcer deux types de mesures : **assistance éducative en milieu ouvert** (AEMO) ou **placement**.

Procédure : Dans chaque département est mise en place une cellule de recueil des informations préoccupantes (CRIP), composée d'une équipe pluridisciplinaire. Le but est de centraliser les informations, quel que soit le circuit de transmission : 119, appel direct à la CRIP du département, police, gendarmerie, procureur de la République.

Dès qu'elle est saisie, la CRIP a trois mois pour évaluer les informations transmises. Moyens utilisés : prises de contact avec les professionnels connaissant la situation, rencontre avec les parents, dialogue avec l'enfant dans son cadre de vie. Objectifs : savoir si l'enfant est en danger ou risque de danger, proposer des mesures. À terme, un rapport est transmis à l'inspecteur ASE pour décision. Des mesures de protection administrative sont mises en place.

À noter : En cas de refus des parents, d'échec des mesures de protection ou de danger grave et immédiat, le département fait un **signalement à la justice**. De même, lorsque le procureur de la République est saisi directement, si le danger est grave les mesures de protection judiciaire seront prises par le juge des enfants.

Actes usuels et non usuels de l'autorité parentale

Qu'est-ce qu'un acte non usuel ?

Pas de définition donnée dans la loi.

Le rapport Leonetti précisait : *« on considère généralement qu'un acte est important et non usuel, s'il rompt avec le passé ou s'il engage l'avenir de l'enfant. Ainsi, tout choix inhabituel ou important dans la vie de l'enfant »* (rapport remis le 7 nov. 2009 au Premier ministre).

Qu'est-ce qu'un acte usuel ?

Pas de définition donnée dans la loi.

Quelques pistes dans la jurisprudence permettent de dire : *« acte de la vie quotidienne, sans gravité, qui n'engage pas l'avenir de l'enfant »* et *« ne présente aucun risque grave apparent pour l'enfant »*. Il peut revêtir un caractère important, c'est alors un acte qui s'inscrit dans une *« pratique antérieure non contestée »* (arrêt du 28 oct. 2011, Aix-en-Provence).

Exemples d'actes usuels : Justification d'absence scolaire ponctuelle et brève, autorisation de sortie scolaire à la journée, réinscription dans un établissement scolaire, décisions concernant les soins courants ou habituels chez tous les enfants (infections bénignes, traitements des maladies infantiles), séances ponctuelles et d'une portée limitée dans un but de prévention de la santé mentale.

Règle générale : L'acte doit être envisagé sur 2 plans.

- En soi : l'acte est-il en soi un acte usuel ?
- Et aussi par rapport à l'enfant et à ses parents.

L’action en constatation de possession d’état

Qu’est-ce que la possession d’état ?
Un mode d’établissement de la filiation sur la base d’une réunion de faits montrant les relations ayant existé entre un individu et une personne dont il se prétend le fils ou la fille.
Il ne s’agit pas d’établir la filiation biologique ou génétique mais de déterminer si cette personne s’est comportée comme le parent de l’enfant.
La possession d’état est constatée par un acte de notoriété délivré par un notaire à la demande des parents ou de l’enfant dans les cinq ans à compter de la cessation de la possession d’état alléguée ou à compter du décès du parent prétendu.

Cependant, tout intéressé peut intenter une action en constatation de la possession d’état dans un délai de dix ans à compter de la cessation de la possession d’état alléguée ou à compter du décès du parent prétendu.

Que faut-il démontrer ?
« La possession d’état s’établit par une réunion suffisante de faits qui révèlent le lien de filiation et de parenté entre une personne et la famille à laquelle elle est dite appartenir » (art. 311-1 CC).
Le législateur énumère les éléments à réunir. Il s’agit de démontrer :

1° que cette personne a été traitée par celui ou ceux dont on la dit issue comme leur enfant et qu’elle-même les a traités comme son ou ses parents ;

2° que ceux-ci ont, en cette qualité, pourvu à son éducation, à son entretien ou à son installation ;

3° que cette personne est reconnue comme leur enfant, dans la société et par la famille ;

4° qu'elle est considérée comme telle par l'autorité publique ;

5° qu'elle porte le nom de celui ou ceux dont on la dit issue.

Certaines qualités sont nécessaires : *« La possession d'état doit être continue, paisible, publique et non équivoque »* (art. 311-2 CC).

Glossaire

Action éducative en milieu ouvert (AEMO) : Mesure prise par le juge des enfants. Il s'agit de faire intervenir au domicile parental un travailleur social chargé de missions. La mesure est mise en place pour une durée de 6 mois à 1 an.

Administrateur ad hoc : Personne habilitée qui accompagne le mineur lorsque ses représentants légaux ne peuvent le faire ou lorsque ses intérêts sont en opposition avec ceux de ses représentants légaux. Il est désigné par un magistrat.

Aide sociale à l'enfance (ASE) : Service du département qui a pour mission d'apporter un soutien matériel, éducatif et psychologique entre autres aux mineurs en danger.

Assemblée plénière de la Cour de cassation : Formation qui connaît des affaires qui posent une question de principe. Présidé par le Premier Président ou, en cas d'empêchement par le plus ancien des Présidents de Chambre, elle est composée des Présidents et Doyens des Chambres, assistés d'un Conseiller choisi dans chaque Chambre.

Assistance éducative : Mesures ordonnées par le juge des enfants pour assurer la protection d'un mineur en danger.

Autorité parentale : Ensemble des droits et devoirs parentaux qui s'exercent sur la personne et sur les biens de l'enfant mineur et ayant pour finalité l'intérêt de l'enfant.

Commissaire de justice : Officier public et ministériel qui procède à l'exécution des décisions de justice et des titres exécutoires ainsi qu'aux ventes judiciaires. Profession qui résulte de la fusion du métier d'huissier de justice et de commissaire-priseur judiciaire.

Défenseur des droits : Autorité administrative indépendante nommée par le président de la République pour 6 ans. Le Défenseur des droits est chargé de veiller à la protection des droits et des libertés et de promouvoir l'égalité, de défendre et promouvoir l'intérêt supérieur de l'enfant, de lutter contre les discriminations.

Délégation de l'autorité parentale : Mesure visant à transférer partiellement ou totalement l'exercice des droits et devoirs d'autorité parentale à un tiers. Elle peut être volontaire ou forcée.

Droit de visite et d'hébergement des grands-parents : Droit de recevoir l'enfant pendant la journée et de lui permettre de dormir au domicile des grands-parents.

Filiation : Lien qui rattache un enfant à ses parents, ou à l'un d'entre eux et duquel découlent des règles de droit.

Information préoccupante : Tout élément d'information y compris médical susceptible de laisser craindre qu'un enfant se trouve en situation de danger ou de risque de danger.

Médiation familiale : Processus de règlement amiable des conflits familiaux. Un tiers professionnel, le médiateur familial, permet aux protagonistes d'échanger en vue de trouver des solutions à leur conflit et des pistes pour les mettre en œuvre. Il existe un diplôme d'État de médiateur familial depuis 2003.

Mineur : Personne qui n'a pas atteint l'âge où elle sera légalement considérée comme pleinement capable et responsable de ses actes, en France : 18 ans.

Mineur capable de discernement : Le législateur ne définit pas le discernement. C'est aux magistrats qu'il revient d'estimer le discernement. Certains entendent les enfants dès l'âge de 6 ans.

Possession d'état : Ensemble d'éléments permettant de faire présumer que tel enfant est celui de telle ou telle personne, ou de tel ou tel couple. Elle doit être continue, paisible, publique et non équivoque.

Projet pour l'enfant : Document établi par le service de l'ASE (hors aide financière), propre à chaque mineur bénéficiant d'une mesure de protection. Sont notées les différentes actions à mener.

Retrait de l'autorité parentale : Mesure de protection de l'enfant, prononcée par un juge pénal ou un JAF dans certaines circonstances encadrées par la loi. Le retrait peut être total et porter sur tous les attributs de l'autorité parentale. Il peut n'être que partiel, le jugement précisera alors sur quels droits il s'applique.

Signalement : Acte professionnel écrit, présentant, après évaluation, la situation d'un enfant en danger qui nécessite une protection. Terme utilisé dans le cadre d'une protection judiciaire.

Tiers digne de confiance : Personne désignée par le juge des enfants pour accueillir un mineur dans le cadre de la protection de l'enfance en danger. Les parents conservent les droits et devoirs d'autorité parentale, mais ce tiers peut accomplir, par décision judiciaire, les actes usuels nécessaires à l'éducation et à la surveillance du mineur confié.

Tribunal judiciaire : Juridiction qui statue en première instance en matière civile et pénale. Depuis le 1er janvier 2020, nouvelle juridiction issue de la fusion des tribunaux de grande instance et des tribunaux d'instance.

Tutelle : Régime de protection d'un mineur lorsque les parents n'assument plus leur autorité parentale. Il est constitué de trois organes placés sous le contrôle du juge des tutelles : le tuteur, le subrogé tuteur et le conseil de famille.

Textes législatifs et réglementaires

Code civil

Article 346 : L'adoption entre ascendants et descendants en ligne directe et entre frères et sœurs est prohibée.

Toutefois, le tribunal peut prononcer l'adoption s'il existe des motifs graves que l'intérêt de l'adopté commande de prendre en considération.

Article. 371-4 : L'enfant a le droit d'entretenir des relations personnelles avec ses ascendants. Seul l'intérêt de l'enfant peut faire obstacle à l'exercice de ce droit.

Si tel est l'intérêt de l'enfant, le juge aux affaires familiales fixe les modalités des relations entre l'enfant et un tiers, parent ou non, en particulier lorsque ce tiers a résidé de manière stable avec lui et l'un de ses parents, a pourvu à son éducation, à son entretien ou à son installation, et a noué avec lui des liens affectifs durables.

Article. 371-5 : L'enfant ne doit pas être séparé de ses frères et sœurs, sauf si cela n'est pas possible ou si son intérêt commande une autre solution. S'il y a lieu, le juge statue sur les relations personnelles entre les frères et sœurs.

Art. 373-3 : Le juge peut, à titre exceptionnel et si l'intérêt de l'enfant l'exige, notamment lorsqu'un des parents est privé de l'exercice de l'autorité parentale, décider de confier l'enfant à un tiers, choisi de préférence dans sa parenté. Il est saisi et statue conformément aux articles 373-2-8 et 373-2-11.

Dans des circonstances exceptionnelles, le juge aux affaires familiales qui statue sur les modalités de l'exercice de l'autorité parentale après séparation des parents peut décider, du vivant même des parents, qu'en cas de décès de celui d'entre eux qui exerce cette autorité, l'enfant n'est pas confié au survivant. Il peut, dans ce cas, désigner la personne à laquelle l'enfant est provisoirement confié.

Article 373-4 : Lorsque l'enfant a été confié à un tiers, l'autorité parentale continue d'être exercée par les père et mère ; toutefois, la personne à qui l'enfant a été confié accomplit tous les actes usuels relatifs à sa surveillance et à son éducation.

Le juge aux affaires familiales, en confiant l'enfant à titre provisoire à un tiers, peut décider qu'il devra requérir l'ouverture d'une tutelle.

Article 376 : Aucune renonciation, aucune cession portant sur l'autorité parentale, ne peut avoir d'effet, si ce n'est en vertu d'un jugement dans les cas déterminés ci-dessous.

Article 377 : Les père et mère, ensemble ou séparément, peuvent, lorsque les circonstances l'exigent, saisir le juge en vue de voir déléguer tout ou partie de l'exercice de leur autorité parentale à un tiers, membre de la famille, proche digne de confiance, établissement agréé pour le recueil des enfants ou service départemental de l'aide sociale à l'enfance.

Le particulier, l'établissement ou le service départemental de l'aide sociale à l'enfance qui a recueilli l'enfant ou un membre de la famille peut également saisir le juge aux fins de se faire déléguer totalement ou partiellement l'exercice de l'autorité parentale :

1° En cas de désintérêt manifeste des parents ;

2° Si les parents sont dans l'impossibilité d'exercer tout ou partie de l'autorité parentale ;

3° Si un parent est poursuivi par le procureur de la République, mis en examen par le juge d'instruction ou condamné, même non définitivement, pour un crime commis sur la personne de l'autre parent ayant entraîné la mort de celui-ci ;

4° Si un parent est poursuivi par le procureur de la République, mis en examen par le juge d'instruction ou condamné, même non définitivement, pour un crime ou une agression sexuelle incestueuse commis sur son enfant alors qu'il est le seul titulaire de l'exercice de l'autorité parentale.

Dans les cas prévus aux 3° et 4°, le juge peut également être saisi par le ministère public, avec l'accord du tiers candidat à la délégation totale ou partielle de l'exercice de l'autorité parentale, à l'effet de statuer sur ladite délégation. Le cas échéant, le ministère public est informé par transmission de la copie du dossier par le juge des enfants ou par avis de ce dernier.

Lorsque la diffusion de l'image de l'enfant par ses parents porte gravement atteinte à la dignité ou à l'intégrité morale de celui-ci, le particulier, l'établissement ou le service départemental de l'aide sociale à l'enfance qui a recueilli l'enfant ou un membre de la famille peut également saisir le juge aux fins de se faire déléguer l'exercice du droit à l'image de l'enfant.

Dans tous les cas visés au présent article, les deux parents doivent être appelés à l'instance. Lorsque l'enfant concerné fait l'objet d'une mesure d'assistance éducative, la délégation ne peut intervenir qu'après avis du juge des enfants.

Article 377-1 : La délégation, totale ou partielle, de l'autorité parentale résultera du jugement rendu par le juge aux affaires familiales.

Toutefois, le jugement de délégation peut prévoir, pour les besoins d'éducation de l'enfant, que les père et mère, ou l'un d'eux, partageront tout ou partie de l'exercice de l'autorité parentale avec le tiers délégataire. Le partage nécessite l'accord du ou des parents en tant qu'ils exercent l'autorité parentale. La présomption de l'article 372-2 est applicable à l'égard des actes accomplis par le ou les délégants et le délégataire.

Le juge peut être saisi des difficultés que l'exercice partagé de l'autorité parentale pourrait générer par les parents, l'un d'eux, le délégataire ou le ministère public. Il statue conformément aux dispositions de l'article 373-2-11.

Article 377-2 : La délégation pourra, dans tous les cas, prendre fin ou être transférée par un nouveau jugement, s'il est justifié de circonstances nouvelles.

Dans le cas où la restitution de l'enfant est accordée aux père et mère, le juge aux affaires familiales met à leur charge, s'ils ne sont indigents, le remboursement de tout ou partie des frais d'entretien.

Article 377-3 : Le droit de consentir à l'adoption du mineur n'est jamais délégué.

Article 388-1 : Dans toute procédure le concernant, le mineur capable de discernement peut, sans préjudice des dispositions prévoyant son intervention ou son consentement, être entendu par le juge ou, lorsque son intérêt le commande, par la personne désignée par le juge à cet effet.

Cette audition est de droit lorsque le mineur en fait la demande. Lorsque le mineur refuse d'être entendu, le juge apprécie le bien-fondé de ce refus. Il peut être entendu seul, avec un avocat ou une personne de son choix. Si ce choix n'apparaît pas conforme à l'intérêt du mineur, le juge peut procéder à la désignation d'une autre personne.

L'audition du mineur ne lui confère pas la qualité de partie à la procédure.

Le juge s'assure que le mineur a été informé de son droit à être entendu et à être assisté par un avocat.

Code de procédure civile

Article 338-1 : Le mineur capable de discernement est informé par le ou les titulaires de l'exercice de l'autorité parentale, le tuteur ou, le cas échéant, par la personne ou le service à qui il a été confié de son droit à être entendu et à être assisté d'un avocat dans toutes les procédures le concernant.

Lorsque la procédure est introduite par requête, la convocation à l'audience est accompagnée d'un avis rappelant les dispositions de l'article 388-1 du Code civil et celles du premier alinéa du présent article.

Lorsque la procédure est introduite par acte d'huissier, l'avis mentionné à l'alinéa précédent est joint à celui-ci.

Dans toute convention soumise à l'homologation du juge aux affaires familiales selon la procédure prévue par l'article 1143 ou par les articles 1565 et suivants, mention est faite que le mineur capable de discernement a été avisé de son droit à être entendu et assisté d'un avocat et, le cas échéant, qu'il n'a pas souhaité faire usage de cette faculté.

Article 338-2 : La demande d'audition est présentée sans forme au juge par le mineur lui-même ou par les parties. Elle peut l'être en tout état de la procédure et même pour la première fois en cause d'appel.

Article 338-4 : Lorsque la demande est formée par le mineur, le refus d'audition ne peut être fondé que sur son absence de discernement ou sur le fait que la procédure ne le concerne pas.

Lorsque la demande est formée par les parties, l'audition peut également être refusée si le juge ne l'estime pas nécessaire à la solution du litige ou si elle lui paraît contraire à l'intérêt de l'enfant mineur.

Le mineur et les parties sont avisés du refus par tout moyen. Dans tous les cas, les motifs du refus sont mentionnés dans la décision au fond.

Article 338-7 : Si le mineur demande à être entendu avec un avocat et s'il ne choisit pas lui-même celui-ci, le juge requiert, par tout moyen, la désignation d'un avocat par le bâtonnier.

Article 338-12 : Dans le respect de l'intérêt de l'enfant, il est fait un compte rendu de cette audition. Ce compte rendu est soumis au respect du contradictoire.

Article 1071 : Le juge aux affaires familiales a pour mission de tenter de concilier les parties.

Saisi d'un litige, il peut proposer une mesure de médiation et, après avoir recueilli l'accord des parties, désigner un médiateur familial pour y procéder.

La décision enjoignant aux parties de rencontrer un médiateur familial en application des articles 255 et 373-2-10 du Code civil n'est pas susceptible de recours.

Code pénal

Article 223-6 : Quiconque pouvant empêcher par son action immédiate, sans risque pour lui ou pour les tiers, soit un crime, soit un délit contre l'intégrité corporelle de la personne s'abstient volontairement de le faire est puni de cinq ans d'emprisonnement et de 75 000 euros d'amende.

Sera puni des mêmes peines quiconque s'abstient volontairement de porter à une personne en péril l'assistance que, sans risque pour lui ou pour les tiers, il pouvait lui prêter soit par son action personnelle, soit en provoquant un secours.

Les peines sont portées à sept ans d'emprisonnement et 100 000 euros d'amende lorsque le crime ou le délit contre l'intégrité corporelle de la personne mentionnée au premier alinéa est commis sur un mineur de quinze ans ou lorsque la personne en péril mentionnée au deuxième alinéa est un mineur de quinze ans.

Article 434-3 : Le fait, pour quiconque ayant connaissance de privations, de mauvais traitements ou d'agressions ou atteintes sexuelles infligés à un mineur ou à une personne qui n'est pas en mesure de se protéger en raison de son âge, d'une maladie, d'une infirmité, d'une déficience physique ou psychique ou d'un état de grossesse, de ne pas en informer les autorités judiciaires ou administratives ou de continuer à ne pas informer ces autorités tant que ces infractions n'ont pas cessé est puni de trois ans d'emprisonnement et de 45 000 euros d'amende.

Lorsque le défaut d'information concerne une infraction mentionnée au premier alinéa commise sur un mineur de quinze ans, les peines sont portées à cinq ans d'emprisonnement et 75 000 euros d'amende.

Sauf lorsque la loi en dispose autrement, sont exceptées des dispositions qui précèdent les personnes astreintes au secret dans les conditions prévues par l'article 226-13.

Code de l'action sociale et des familles

Article L 226-6 al. 1 : Un service d'accueil téléphonique gratuit concourt, à l'échelon national, à la mission de protection des mineurs en danger prévue au présent chapitre. Ce service répond, à tout moment, aux demandes d'information ou de conseil concernant les situations de mineurs en danger ou présumés l'être. Il transmet immédiatement au président du Conseil départemental, selon le dispositif mis en place en application de l'article L 226-3, les informations qu'il recueille et les appréciations qu'il formule à propos de ces mineurs. À cette fin, le président du Conseil départemental informe le groupement des modalités de fonctionnement permanent du dispositif départemental.

Article L 226-8 : L'affichage des coordonnées du service d'accueil téléphonique est obligatoire dans tous les établissements et services recevant de façon habituelle des mineurs.

Convention internationale des droits de l'enfant

Article 8-1 : Les États parties s'engagent à respecter le droit de l'enfant de préserver son identité y compris sa nationalité, son nom et ses relations familiales, tels qu'ils sont reconnus par la loi, sans ingérence illégale.

Article 12 :

1 - Les États parties garantissent à l'enfant qui est capable de discernement le droit d'exprimer librement son opinion sur toute question l'intéressant, les opinions de l'enfant étant dûment prises en considération eu égard à son âge et à son degré de maturité.

2 - À cette fin, on donnera notamment à l'enfant la possibilité d'être entendu dans toute procédure judiciaire ou administrative l'intéressant, soit directement, soit par l'intermédiaire d'un représentant ou d'un organisme approprié, de façon compatible avec les règles de procédure de la législation nationale.

Bibliographie

Articles :

- Dossier : *La nouvelle place des grands-parents dans la famille*, N. COUZIGOU-SUHAS, Th. GARE, Ch. LIENHARD, M. SCHMITT. A. J. Fam. Mars 2002, p. 84.

- A. GOUTTENOIRE, *La notion d'acte usuel*, JDJ n° 322, févr. 2013, p. 11 et suiv.

- L. GEBLER, *Les points « rencontre »*, A. J. Fam. 2013, 171.

- M. COURMONT-JAMET, J. TILLAYE-DUVERDIER, avocates au Barreau de Paris, *Droits des beaux-parents et des grands-parents en cas de décès de l'un ou des deux parents de l'enfant*, Gaz. Pal., 8 janv. 2019.

- Dossier : Grands-parents, petits-enfants : des liens pour grandir, *Le Furet*, revue trimestrielle, n° 95, déc. 2019.

- I. CORPART, Quand les grands-parents réclament un droit de visite, *Le Furet*, n° 95, déc. 2019.

- Bl. MALLEVAEY, Parole de l'enfant et justice familiale : observations et préconisations, *Dr. de la fam.*, n° 11, nov. 2022, p. 13.

- Bl. MALLEVAEY et A.M. de CAYEUX, Regards croisés sur l'audition amiable de l'enfant, *Dr. de la fam.*, n° 11, nov. 2022, p. 22.

- L. GEBLER, Maintenir les liens avec les personnes qui comptent, *ASH*, n° 3306, 5 mai 2023.

Documents :

- C. SELLENET, M. L'HOUSSNI, D. PERROT, G. CALAMA, *Solidarités autour d'un enfant : l'accueil dans la parentèle ou chez des tiers dignes de confiance en protection de l'enfance*, Recherche réalisée pour le Défenseur des droits, 108 p., 2013.

- O. GIVERNET, députée de l'Ain, Assemblée nationale, Rapport du groupe de travail parlementaire, *Les grands-parents, des seniors comme les autres ?,* juin 2021.

Ouvrages :

- Th. GARE*, Les grands-parents dans le droit de la famille*, Paris, CNRS, 1989.

- V. GOURDON, *Histoire des grands-parents*, Éd. Perrin, 2012.

- L. de SAINT-PERN, *La CIDE ou les germes du droit positif autour de l'enfant*, Dr. fam., 2019, Études, 11.

- M. BONGRAIN, *Le droit à la parole de l'enfant*, Aspects juridiques, Éd. L'Harmattan, 2021.

- Sous la direction de F. CHENEDE, *Droit de la famille*, Dalloz Action, 9e éd., 2023-2024.

- J. GARRIGUE, V. DESCHAMPS, *Droit de la famille*, 3e éd., Hyper-Cours, Lefebvre Dalloz, 2023.

- B. TEYSSIE, *Droit des personnes*, 25e éd., LexisNexis, 2023.

- Ph. MALAURIE, H. FULCHIRON, *Droit de la famille*, 8e éd., LGDJ, 2023.

- B. SCHNEIDER, M. Cl. MIETKIEWICZ, S. BOUYER (sous la direction de), *Grands-parents et grands-parentalités. Petite enfance et parentalité*, Éd. Érès, 2005.

Structures éditoriales du groupe L'Harmattan

L'Harmattan Italie
Via degli Artisti, 15
10124 Torino
harmattan.italia@gmail.com

L'Harmattan Hongrie
Kossuth l. u. 14-16.
1053 Budapest
harmattan@harmattan.hu

L'Harmattan Sénégal
10 VDN SICAP AMITIE 3
BP 45034 Dakar-Fann
direction@senharmattan.com

L'Harmattan Cameroun
Tsinga/Derrière polyclinique FECAFOOT
BP 11486 Yaoundé
Jacques.koukam@harmattan.fr

L'Harmattan Burkina Faso
Villa 281, secteur 23 623, rue 14.32
Ouagadougou
zagbie@outlook.fr

L'Harmattan Guinée
Almamya, rue KA 028 OKB Agency
BP 3470 Conakry
harmattanguinee@yahoo.fr

L'Harmattan RDC
185, avenue Nyangwe
Commune de Lingwala – Kinshasa
matangilamusadila@yahoo.fr

L'Harmattan Congo
219, avenue Nelson Mandela
BP 2874 Brazzaville
deunovmikhael@gmail.com

L'Harmattan Mali
Immeuble Mgr Jean Marie Cissé
Aci Hamadallaye
BP 145 Bamako
syllaka@yahoo.fr

L'Harmattan Togo
Djidjole – Maison Amela
face EPP BATOME
02 BP 20680 Lomé
didieramela11@gmail.com

L'Harmattan Côte d'Ivoire
Résidence Karl – Cité des Arts
Abidjan-Cocody
03 BP 1588 Abidjan
harmattan.ivoire@gmail.com

L'Harmattan Bénin
Rue 604, (Immeuble à l'entrée
de la rue UCAO- Cite de Saint-Jean)
Cotonou
stepcorpus@gmail.com

Nos librairies en France

Librairie internationale
16, rue des Écoles
75005 Paris
librairie.internationale@harmattan.fr
01 40 46 79 11
www.librairieharmattan.com

Librairie des savoirs
21, rue des Écoles
75005 Paris
librairie.sh@harmattan.fr
01 46 34 13 71
www.librairieharmattansh.com

www.ingramcontent.com/pod-product-compliance
Lightning Source LLC
LaVergne TN
LVHW051358061026
849535LV00009B/3258
* 9 7 8 2 3 3 6 5 1 9 9 4 4 *